Ewing hat ein Sarkom vorbeigebracht

Von D. Fuchs

Bibliografische Information der Deutschen Nationalbibliothek: Die Deutsche Nationalbibliothek verzeichnet diese Publikation in der Deutschen Nationalbibliografie; detaillierte bibliografische Daten sind im Internet über dnb.dnb.de abrufbar.

© 2023 D.Fuchs

Herstellung und Verlag: BoD – Books on Demand, Norderstedt

Cover-Design: G. Fuchs

Die Informationen in diesem Buch habe ich mit größter Sorgfalt erstellt. Dennoch kann ich Fehler nicht ganz ausschließen. Autor und Verlag nehmen keine juristische Verantwortung oder irgendeine Haftung für evtl. verbliebene Fehler und deren Folgen. Für Hinweise auf Fehler bin ich sehr dankbar.

ISBN: 9783757802813

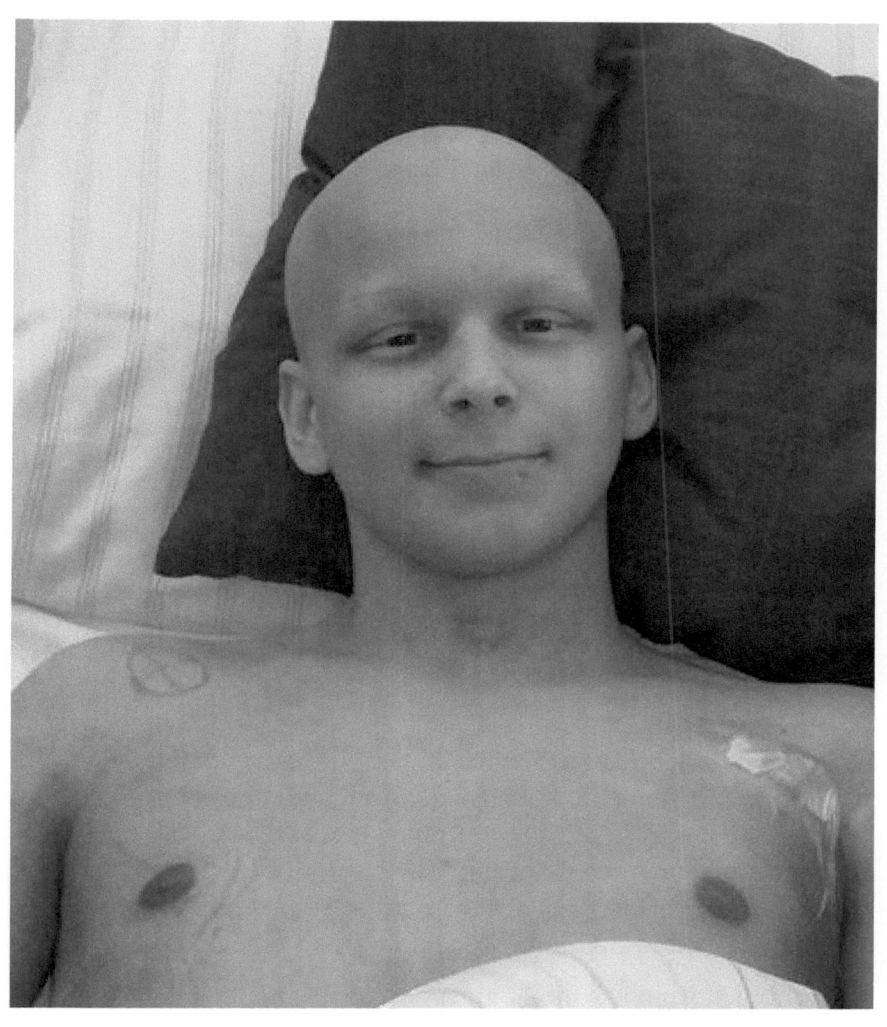

Lars unmittelbar vor der großen OP im November

Vorwort

An dem Tag, an dem ich erfuhr, dass mein Sohn Krebs hat und auch noch einen der schlimmsten Sorte, ging erst einmal die Welt für mich unter.
Immer, wenn ich allein war, habe ich geweint. Das ging bestimmt zwei Wochen so. Bei jedem Untersuchungsergebnis musste ich mich zusammenreißen.

In diesem Buch beschreibe ich **meine** Gedanken und Gefühle als Mutter und Krankenschwester.
Das Schreiben hat mir geholfen, diese Geschichte zu verarbeiten und manche Sachen und Momente nochmals zu durchdenken. Sei es der Krebs, oder die Situationen mit Kollegen, Ärzten, Freunden und natürlich der Familie.

Es gab viele Nächte, in denen ich keinen Schlaf gefunden habe. Es gab viele Abende, an denen ich zu viel Alkohol getrunken habe. Ich habe einige Zähne kaputt geknirscht. Aber meine Hoffnung und meinen Lebensgeist, meine innere Liebe, die habe ich nicht verloren. Meine Verbindung zu meinen Kindern und meinem Mann sind immer da und werden immer dableiben.

Ich hoffe, ich kann mit meinem Buch anderen helfen, mit solch einer Situation umzugehen, nicht den Mut zu verlieren, stark zu bleiben und zu kämpfen.

Vielleicht kann ich auch den einen oder anderen zum Denken bewegen, wie man mit mehr Freundlichkeit und Liebe durchs Leben gehen kann.

Ewing hat ein Sarkom vorbeigebracht

April 2018

Mein Sohn Lars sagte mir, dass er Schmerzen am rechten unteren Rippenbogen hat. Ich fragte ihn: „Wie viel Shisha hast du wieder geraucht? Warst du wieder im Fitnessstudio? Vielleicht hast du es mit den Gewichten übertrieben? Er sagte dann zwei bis drei Wochen nichts mehr. Dann kam er im Mai wieder und meinte, dass er ab und an Schmerzen am rechten Rippenbogen hätte und dass er das Gefühl hätte, dass es an der Stelle heiß sei. Ja, was soll ich sagen, wie kann es da heiß sein? Ich fühlte an der Stelle und konnte keine Hitze feststellen. Seine Freundin sagte auch, dass es da heißer wäre, aber ich konnte nichts feststellen.

Naja, ich dachte mir, solange er noch Shisha rauchen kann und die Nacht zum Tag macht, kann es nicht so schlimm sein.

06. Juni

Lars sagte, dass er zum Arzt will, weil er eine Mathearbeit schreibt und zu wenig dafür gelernt hat. Er braucht für die Schule ein Attest.

Ich sagte: "Ja, o.k., dann kläre auch endlich ab, was du an deinem Rippenbogen hast damit da auch endlich die Frage nach der Hitze geklärt werden kann." Ich dachte, das ist bestimmt ein Nerv, der von irgendwas gereizt ist. Naja, die Ärztin wird es ihm schon sagen.

Die Hausärztin hat meinen Sohn dann zum Röntgen geschickt, da sie ein vermindertes Atemgeräusch wahrgenommen hat. Bei den Radiologen haben sie im Röntgenbild direkt etwas gesehen und ein CT gemacht. Nach einem kurzen Gespräch mit meinem Sohn haben sie ihm eine Einweisung für die Klinik mitgegeben. Sie sagten, es bestehe der Verdacht auf einen Pleuraerguss. Als ich um 16.30 Uhr nach Hause kam, fiel ich aus allen Wolken und dachte, das kann doch gar nicht sein. Wo kommt das denn jetzt her? Mir ging gleich alles Mögliche durch den Kopf, vielleicht eine Lungenentzündung, die nicht abgeheilt ist? Krebs?

Ich arbeite als Krankenschwester in einer Klinik und habe direkt meine Kolleginnen angeschrieben und für meinen Sohn ein Bett bei uns organisiert. Die liebe Maria hat gleich gesagt: "Na klar bekommt er ein Bett. Welche Station willst Du?"

07.Juni

Wir haben ihn dann am nächsten Morgen durchgecheckt: Blutentnahme, EKG, Herzschall. Er bekam eine Pleura-Punktion, das ist eine Punktion zwischen Lunge und Rippen. Das wurde bei den Pulmologen durchgeführt und die Flüssigkeit wurde in ein Labor geschickt, um sie zu untersuchen.

Der Pulmologe (Lungenfacharzt) sagte erst einmal, dass es vielleicht ein alter Infekt ist und wir sollten auf jeden Fall das feste Gewebe auch untersuchen lassen. Das würde allerdings nur mit einer CT-gesteuerten Punktion gehen. Ok, wir haben eine Woche später den Termin für die Punktion bekommen. Dafür musste mein Sohn eine Nacht in der Klinik bleiben. Er lag auf der Radio-Onko-Station (Patienten die Bestrahlung bei Krebs bekommen, liegen dort). Alles nur Krebspatienten die meistens schon eine Diagnose haben. Sein Zimmernachbar hatte Leberkrebs und nicht mehr lange zu leben. Alles nicht sehr schön, besonders für einen jungen Menschen, der mit so etwas noch nie in Berührung kam. Ich begleitete Lars zu der Punktion und wartete vor der Tür auf ihn. Die Angst um mein Kind war sehr groß. Ich hatte bei jeder Untersuchung Angst und wollte am liebsten durchgehend bei ihm sein und jede Untersuchung beschleunigen und die Befunde sofort haben. Aber ich wusste natürlich, dass es lange dauert, bis die Ergebnisse kommen. Schließlich muss das genau untersucht werden und das braucht seine Zeit. Immer wieder starrte ich auf die Tür und zitterte. Ich hatte ein sehr schlimmes Angstgefühl, das ich gar nicht beschreiben kann.

Endlich war die Untersuchung zu Ende und wir warteten darauf, dass Lars zurück auf die Station gebracht wurde. Es kam kein Transportdienst, um meinem Sohn mit dem Bett auf seine Station zu schieben. Also machte ich das einfach selbst. Die Klinik ist komplett unterirdisch verbunden. Man kann in fast alle Gebäude unterirdisch gelangen. Ich habe ihn dann mit dem Bett die Gänge bergab und bergauf gefahren. Das war echt sehr anstrengend. Wir machten noch viele Scherze und er filmte mich, wie ich mit hochrotem Kopf sein Bett schiebe. Ich möchte nicht, dass mein Sohn weiß, wie viel Angst ich um ihn habe. Meine Kinder sind doch ein Teil von mir und wenn einem Kind von mir etwas passiert, dann stirbt in mir etwas ab. Ich blieb eine Weile bei meinem Sohn und passte auf ihn auf. Am

Abend kam eine Ärztin und sagte uns, dass alles gut gelaufen sei und wir uns keine Sorgen machen müssten. Am nächsten Morgen dürfte mein Sohn nach Hause gehen. Ich verabschiedete mich von ihm und fuhr heim, wo ich dann alles berichtete. Das war am Donnerstag der 14. Juni.

21. Juni

Am Donnerstag darauf rief mich dann mein Sohn von der Arbeit aus an und sagte, dass ihn der Pulmologe angerufen hätte, und gesagt hat, dass er morgen zu ihm kommen soll. Er wollte das nicht, denn er war jetzt lange genug krankgeschrieben.

Ich schaute im PC nach und druckte mir den Pathologiebericht aus. Da stand: Im Pleurawasser, von der ersten Punktion keine Tumorzellen. Das ist zunächst einmal gut. Doch in der zweiten Punktion bei dem festen Gewebe stand: „Tumorzellen positiv CD 99". Ich fing an zu zittern und rief den Pulmologen an. Ich konnte ihn nicht gleich erreichen. Ich bin dann von einem Arbeitsplatz zum nächsten gelaufen und konnte mich gar nicht mehr konzentrieren. Ich gab CD 99 bei Google ein und war kurz vorm Durchdrehen. Ich habe es geahnt. Es ist schlimm, sehr schlimm.

Ich war vertretungsweise in der Schrittmachersprechstunde. Eine Ärztin sagte zu mir, dass ich doch besser nach Hause gehen solle, aber ich wollte jetzt erst einmal wissen, was los ist. Das Telefon klingelte, der Pulmologe war dran.

Er sagte: "Ihr Sohn hat Krebs!"

Die Welt hörte auf, sich zu drehen.

Lars sollte am nächsten Tag ins Krankenhaus kommen, sodass wir alles weitere besprechen können. Er hat ein Ewing-Sarkom, das ist ein sehr aggressiver, schnell wachsender Tumor. Dieser muss schnellstmöglich mit einer Chemo-Therapie behandelt werden. Der Pulmologe sagte noch mehr, aber ich weiß nicht mehr, was alles. Ich weiß nur noch, dass wir am nächsten Morgen vorbeikommen sollten.

Ich weinte sehr laut und verzweifelt. Ich wusste gar nicht was ich tun sollte, es drehte sich alles um mich herum. Meine Kollegen und Kolleginnen kamen und wollten mich trösten. Aber welche Worte können in so einem Moment trösten. Keine. Nichts mehr ist wichtig in diesem Moment. Wie sage ich es meinem Sohn? Wie sage ich es meinem Mann? Wie sage ich es meiner Tochter? Ich war völlig schockiert. In meinem Kopf ging alles durcheinander. Ein Sarkom, das ist schlimm, das weiß ich. Dann auch noch in der Pleura. Vielleicht ist das nur eine Metastase und der eigentliche Krebs ist in den Knochen. Denn ein Sarkom geht gerne in die Knochen. Das alles weiß ich. Ich wünschte mir in diesem Moment, dass ich das nicht wüsste. Das Ewing-Sarkom ist eigentlich Knochenkrebs, also ist das eine Metastase? Ich konnte nicht mehr aufhören zu weinen. Ich konnte nicht mehr klar denken. Die Welt stand still.

„Was mache ich jetzt nur?", überlegte ich.

Ich muss meinen Mann anrufen. Aber eigentlich würde ich gerne einfach zu meinem Sohn fahren und ihn in den Arm nehmen und ihm sagen, dass wir das zusammen hinbekommen. Ein Kollege sagte, dass er mich fährt.

Ich rief meinen Mann an. Ich weinte laut und sagte ihm, dass unser Sohn Krebs hat. Er schrie: „Das ist nicht wahr!" Ich sagte:" Doch Schatz, es tut mir leid, aber es ist wahr!" Er schrie wieder und sagte dann unter Tränen: "Bitte sag, dass das eine Lüge ist!" Aber leider war es keine Lüge, es war die Wahrheit.

Ich konnte gar nicht mehr aufhören zu weinen. Ich lief in die Umkleide mich umziehen und dann wartete ich draußen auf meinen Kollegen und hatte das Gefühl, die Zeit steht still, nur meine läuft weiter. Ich wusste nicht, was ich denken sollte. Ich wusste nicht, was ich tun sollte. Dann kam mein Kollege und fuhr mich zu der Arbeitsstelle meines Sohnes.

Endlich war ich bei meinem Sohn. Mein Mann war mit unserer Tochter auch schon da. Wie hat er das gemacht? Ist er geflogen?

Unser Sohn kam dann mit uns nach Hause. Während der Autofahrt konnte ich gar nicht aufhören zu weinen, aber ich weinte still. Ich nahm die Hand meiner Tochter und hielt sie fest. Zu Hause weinten wir alle zusammen. Ich habe dann Lars' Freundin angerufen und gesagt, sie solle bitte kommen.

Wie geht es jetzt weiter? Was passiert als nächstes?

Meine kleine Tochter fragte mich, ob Ihr Bruder sterben wird. Ich nahm sie in den Arm und sagte: „Nein, er wird nicht sterben! Er wird kämpfen!" Ich sagte ihr aber auch, dass es eine sehr schwere Zeit werden wird. Mein Mann saß bei unserem Sohn, sprach ihm Mut zu, und sie weinten zusammen. Ich blieb bei unserer Kleinen, denn auch sie brauchte jemanden, um das alles zu verkraften. In meinem Kopf sah ich die Chemo-Patienten, ich sah sie leiden und versuchte, das auszublenden. Es war schwer, aber ich musste es ausblenden. Ich musste versuchen, nicht daran zu denken.

Ich hoffte, dass mein Sohn es schaffen wird. Wird er es schaffen? Ich wusste, wie schlimm alles werden wird. Aber ich wusste auch, dass er eine Chance hat. Er war jung und körperlich fit.

„Er wird es schaffen, und ich bin mir sicher, dass das der Primärtumor ist. Hoffentlich ist das der Primärtumor", ging es mir durch den Kopf.

Lars hatte am nächsten Tag ein Vorstellungsgespräch. Er hatte sich endlich dazu entschieden, eine Ausbildung zu beginnen, und zwar als „Veranstaltungstechniker".

Und jetzt?

Soll er da überhaupt hingehen?

Bringt es etwas?

Er kann sowieso dieses Jahr nicht mehr arbeiten. Meine Gedanken drehten durch.

Natürlich kann er hin gehen. Er soll hin gehen. Er soll wissen, wie sich ein Vorstellungsgespräch anfühlt.

Vielleicht nimmt ihn der Chef für nächstes Jahr? Er wollte auch zu dem Gespräch gehen. Es war ihm wichtig zu wissen, wie das ist, so ein Vorstellungsgespräch.

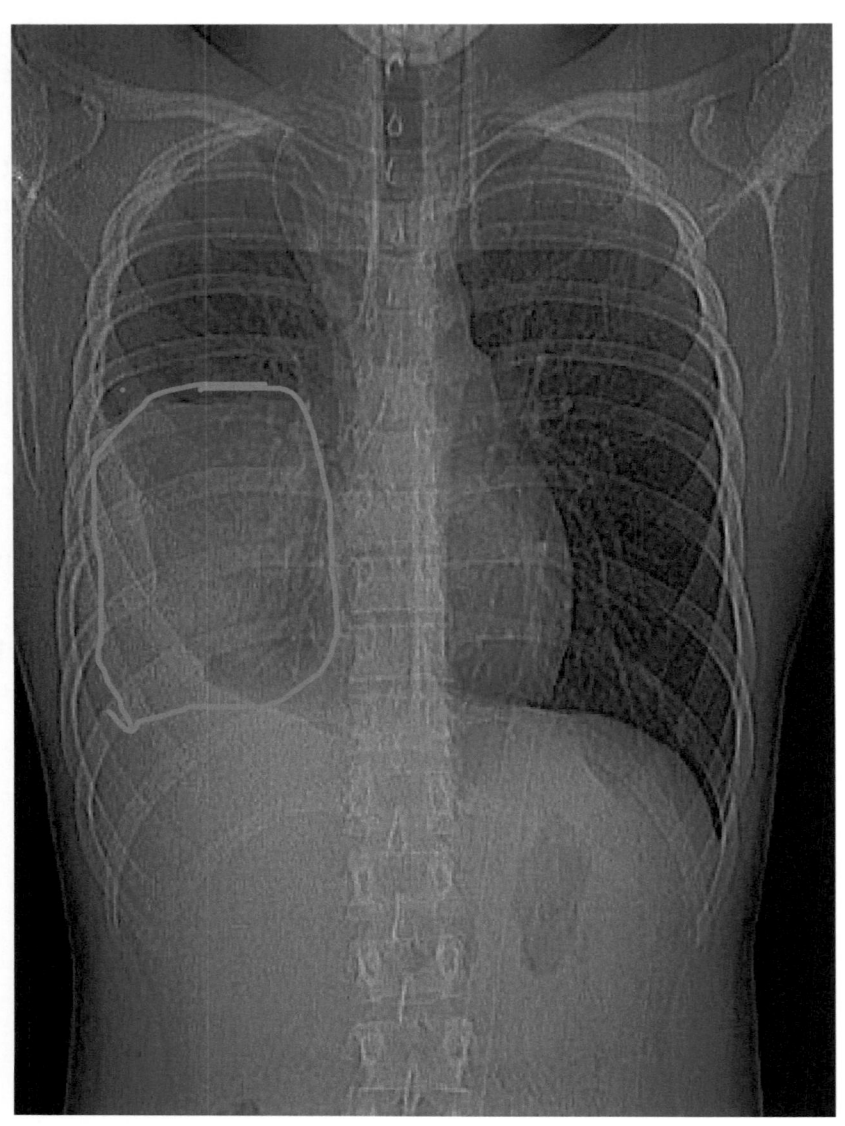

Erstes Röntgenbild. Man sieht den Tumor

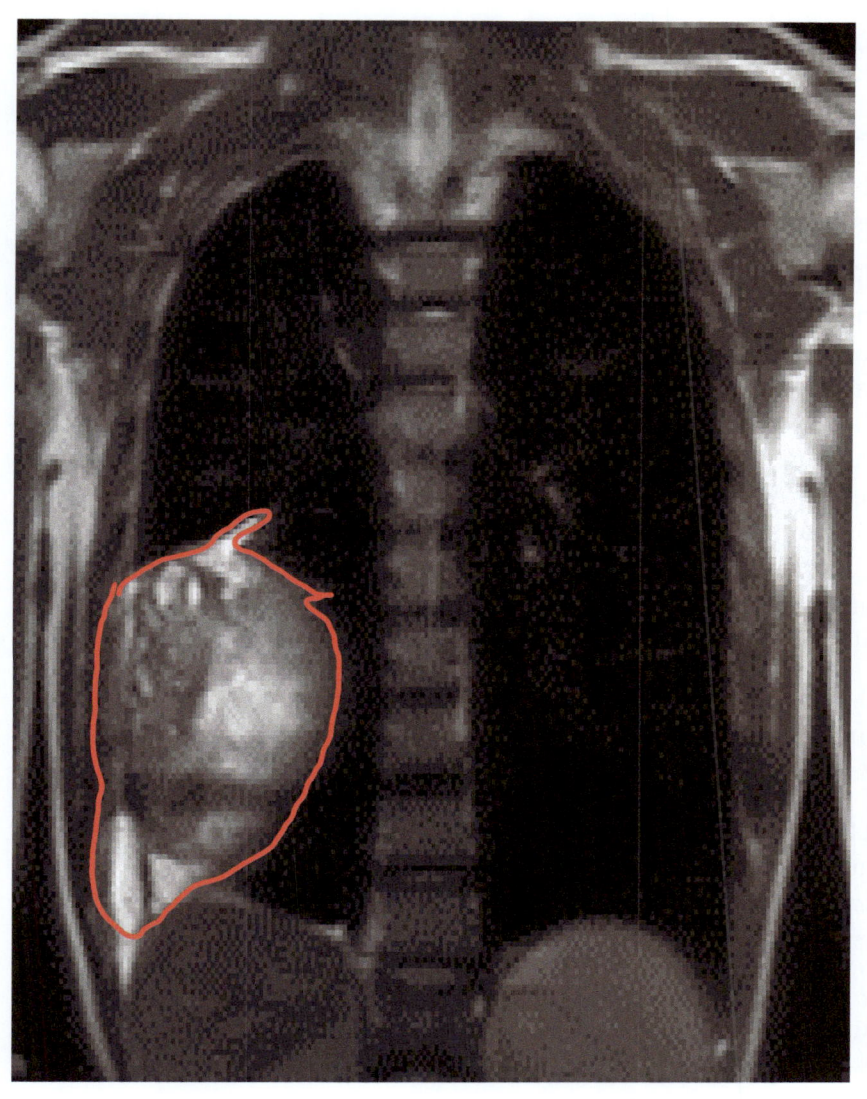

Beim großen weißen „Klumpen" handelt es sich um das Sarkom.

25.06.

08.00 Uhr

Ich rief auf meiner Arbeitsstelle an und meldete mich krank. Erst einmal für die ganze Woche.

Wir fuhren in die Klinik. Mir war richtig schlecht. Mein Sohn war sehr tapfer und wir warteten auf den Pulmologen. Wir warteten eine ganze Stunde. Als wir drankamen, erklärte er uns, was ein Ewing-Sarkom ist und wie es jetzt weitergeht. Er zeigte uns auf dem Bildschirm, dass das Sarkom schon 9 cm groß ist. Das waren die Bilder von vor zwei Wochen. Er sagte, dass Lars diese Woche viele Termine für alle möglichen Voruntersuchungen hätte. Es sollte zeitnah mit der Chemo begonnen werden. Deshalb gibt es einen Plan, in dem innerhalb von zwei Wochen alle Untersuchungen abgeschlossen sein sollten.

Als erstes wurde ein Lungenfunktionstest? gemacht. Wir mussten auf den Befund warten, der nicht berauschend war, aber auch nicht schlecht.

Später hatten wir noch einen Termin in der „UCT-Ambulanz" (UCT=*Universitäres Centrum für Tumorerkrankungen*). Dort lernten wir den Onkologen Dr. Best kennen.

Er war sehr nett und auch er erklärte uns, dass unser Sohn ein Ewing-Sarkom hat. Ein sehr seltener Krebs. Er sagte, dass man vermutet, dass es sich bei diesem Tumor um eine Metastase handelt, denn normalerweise findet sich ein Ewing-Sarkom in den Knochen. Dennoch besteht auch die Möglichkeit, dass es im Muskel ist. Bei 2% der Patienten ist das Ewing in den Knochen. Da ist die Prognose besser. Er sagte uns, dass er seit Jahren einen jungen Mann als Patient hat, der immer mal wieder eine oder zwei Metastasen hat, aber es geht weiter.

Ich wusste das leider schon und musste mich einfach nur beherrschen, nicht wieder zu weinen.

Er erklärte uns, was alles kommen würde. Er klärte uns über die Chemotherapie und über die Ewing-Sarkom-Therapie auf. Lars musste alle Aufklärungen unterschreiben, damit die Ärzte ihm alle Medikamente geben dürfen. Ich fragte nach einem Port (Ein fester Zugang zu einer Vene, so dass nicht jedes Mal ein Zugang gelegt werden muss, wenn die Chemo-Therapie oder andere Medikamente venös verabreicht werden müssen). Wo kann er den bekommen? Der Arzt sagte, dass Lars in der Klinik zu lange auf einen Termin warten müsse. Ich erhielt eine Adresse für einen Termin zum Implantieren des Ports. Dr. Best hatte nicht damit gerechnet, dass ich das vor der ersten Chemo schaffen würde. Der Port ist jedoch wichtig! Die aggressiven Chemo-Medikamente sollten nach Möglichkeit nicht über eine normale Kanüle laufen, denn die Chemo zerstört dabei oft die Venen. So ein Port ist recht klein und man sieht ihn kaum, er wird rechts oder links unter dem Schlüsselbein eingepflanzt. Dabei wird ein kleiner Schlauch in die Vene vor dem Herzen eingeführt und festgenäht. So können die Medikamente schneller im Blut verteilt werden und wirken direkt.

Außerdem sollten wir zur Kryoambulanz und seine Samenzellen einfrieren lassen. Sein Erbgut wird durch die Chemo-Therapie so beschädigt, dass er auf natürlichem Weg keine Kinder mehr zeugen kann. Zumindest für die nächsten fünf bis zehn Jahre. Also gingen wir da auch noch hin und mussten wieder einmal sehr lange warten. In der Kryoambulanz sprach unser Sohn sehr lange mit einem netten Herrn und ließ sich alles ganz genau erklären. Es dauerte gefühlt ewig, bis er da fertig war. Es war nur eine Stunde.

Ich rief die Praxis des Chirurgen an, der mir empfohlen wurde, um einen Termin für den Port auszumachen. Ich bekam einen Termin für Freitagnachmittag.

Völlig erschlagen kamen wir am Nachmittag nach Hause. Jeder blieb erst einmal für sich, um das alles zu verarbeiten. Ich setzte mich zu meiner Tochter und erklärte ihr alles so gut ich konnte. Sie weinte und hatte Angst. Auch mir kamen schon wieder die Tränen. Ich hielt sie ganz fest und versprach ihr, dass ich ihr immer alles erzählen und ihr auch erklären werde, was passiert.

Mein Sohn fuhr mit seinem Papa zum Vorstellungsgespräch. Der Inhaber des Betriebs war völlig „von den Socken" und wirklich begeistert von meinem Sohn. Lars bekam den Job, sogar für dieses Jahr noch. Es war dem Inhaber egal, ob mein Sohn im Januar oder erst im August nächsten Jahres anfangen kann. Er wollte ihn haben. Ich war so stolz. Mein Sohn ist großartig. Er ist ein so toller, liebevoller Mensch. Dazu sieht er auch noch einfach super aus. Viele haben sogar schon gesagt, er soll doch Model werden. Er hat eine wahnsinnig positive Aura und ist eigentlich immer am Lachen und Strahlen.

In unserer Stadt war dann ein großes Fest mit Feuerwerk. Da ich mich aber krankgemeldet hatte und ich auch kaum aufhören konnte zu weinen, mochte ich da nicht hin. Unser Sohn wollte mit Papa, Schwester und seiner Freundin aber sehr wohl dorthin gehen und einen normalen Abend haben.

Anstatt beim Fest zu sein, telefonierte ich weinend mit meiner Mutter, die am Telefon auch sofort in Tränen ausbrach.

Ich rief auch noch meine Schwester an, die auch völlig schockiert war und leicht überfordert mit den Informationen umging.

27. Juni

Meinen Vater rief ich erst am Mittwoch an. Er kam direkt zu uns gefahren und wollte mit uns persönlich sprechen, er war völlig fertig. Es fiel mir schwer, mit ihm über alles zu sprechen. Auch über das Thema Geld, denn auf uns würden große Kosten zukommen. Mein Vater, als Beamter, verstand nicht, warum unser Sohn nicht alle Kosten zu 100% erstattet bekommt. Jede Erklärung kam bei meinem Vater nicht an. Es machte mich traurig, dass man bei so einer schlimmen Diagnose auch noch über Geld reden musste.

Lars war zu dieser Zeit über meinen Mann privat versichert. „Ja ist doch super", wird man erst mal denken. Aber als „Normalbürger" hat man einen Tarif, bei dem es immer 10% Selbstbehalt gibt. Darüber hinaus entstehen bei einer langwierigen Angelegenheit wie Lars' Behandlung enorme Kosten für sehr viele zusätzliche Aufwände, für die man ohnehin keine Erstattung erhält (am Ende haben wir allein im ersten Jahr einen fünfstelligen Betrag selbst zahlen müssen). Dieses Kostenthema ist ohnehin sehr kompliziert. Aber wie dem auch sei, wir wussten, dass da eine ganze Menge auf uns zukommen wird, und dass es das alles (zusätzlich zu der ganzen psychischen Belastung) sehr schwer machen wird. Also bat ich meinen Vater, einen Teil der Immobilien, die er ohnehin meiner

Schwester und mir offiziell bereits geschenkt hatte, zu verkaufen und mir meinen Anteil zu geben. Dies hat er vehement abgelehnt und schlug vor, wir sollen lieber einen Kredit aufzunehmen. Völlig verständnislos beendete ich das Gespräch.

Meine Chefin rief mich an und wollte wissen was los ist, woraufhin ich ihr alles erzählte. Sie war sehr verständnisvoll und einfühlsam. Ich solle ich mir alle Zeit nehmen, die ich brauche.

28.Juni

Um 8 Uhr hatten wir ein Gespräch mit dem Onkologen. Er sagte uns, dass unser Sohn am besten noch seine Impfungen auffrischen solle. Dazu gehöre auch die normale Tetanusimpfung.

Im Laufe des Vormittags rief der Pulmologe an und teilte uns mit, dass unser Sohn morgen Abend um 18 Uhr einen MRT-Termin habe.

Am Donnerstag sind wir in die Klinik zum MRT-Termin für ein Knochenszintigramm gefahren, allerdings sei der Termin erst am Freitag geplant, so dass wir ärgerlicherweise ein weiteres Mal dorthin fahren mussten.

29.06.

Am Freitag früh fanden die Szintigrafie und die Knochenmarkpunktion statt. Mein Sohn war immer ganz tapfer. Er bekam jetzt jeden Tag eine Nadel gelegt und es wurde immer irgendetwas gespritzt. Kontrastmittel oder radioaktives Zeug beim Szintigramm.

Wir gingen zum Hämatologen und warteten eine Stunde auf die Punktion. Diese wird im Beckenkamm gemacht und ist recht schmerzhaft. Ich hatte vorher schon über eine Stunde gewartet beim Szintigramm, aber das war mir egal. Ich war bei meinem Sohn und das war am wichtigsten. Die Punktion dauerte ca. eine Stunde.

Während dieser Zeit ging ich meine Kolleginnen und Kollegen besuchen. Sie trösteten mich fast alle und fingen mich auf. Ich habe die besten Kollegen der Welt. Egal wie eng ich mit den Kollegen bin, alle nahmen mich in den Arm. Außer eine direkte Kollegin mit der ich besonders eng zusammen arbeite. Das hat mich verletzt, weil ich dachte das wir ein besseres Verhältnis zueinander haben. Aber so ändern sich die Dinge. In so einer Situation, merkt man wer ehrlich ist und mitfühlend, und wer eben nicht! Sie war vielleicht zu überfordert mit der Situation, oder es war Ihr egal. Die meisten jedoch wollten für mich da sein und das tat gut und gab mir Halt. Wie ich im Laufe der Zeit gemerkt habe, ist es nur das, was zählt. Die Menschen, die nicht für einen da sein wollen, oder denen es egal ist wie es einem geht, die sollte man einfach ignorieren. Das fällt mir jedoch oft sehr schwer.

Einer meiner Chefs holte meinen Mann und mich in sein Büro. Er sagte, dass er für uns da wäre und wir jederzeit zu ihm kommen können, und sei es nur für ein Gespräch. Ich war beeindruckt das mein Chef so hilfsbereit war und mir und meiner Familie so viel Unterstützung gab. So etwas ist nicht selbstverständlich.

Auch meine Chefin nahm mich in den Arm und fragte, wie es mir geht und wie es mit den Untersuchungen läuft. Ich traf sie immer mal auf dem Gang, wenn ich auf Lars wartete. Dann nahm sie mich in den Arm und ging weiter. Einfach so. Sie war da für mich. Das tat gut.

Ich weinte viel.

Mein Sohn überstand die Punktion gut. Der Arzt hatte das auch recht schnell gemacht. Spritze rein und wieder raus, aber es war trotzdem sehr schmerzhaft, wie mir mein Sohn hinterher sagte. Er musste noch einen Moment liegen und dann konnten wir weiter. Er war so tapfer. Nach der Punktion gingen wir wieder zur Szintigrafie, denn da musste er nochmal für anderthalb Stunden rein. Ich wartete und war doch sehr nervös. Hat er jetzt etwas in den Knochen? Ich hätte eigentlich schon wieder weinen können. Aber nein, ich wollte mich zusammenreißen. Wenn mein Sohn gleich fertig ist und ich am Heulen bin, ist das nicht gut, sagte ich mir. Nach einer Stunde und 45 Minuten wurde ich zum Gespräch gerufen. Ich musste mich sehr zusammennehmen. Die Ärztin sagte, dass alles ok. ist. In den Knochen ist nichts. Ich musste weinen und lachen gleichzeitig. Ich war so erleichtert. Da ich hinter meinem Sohn stand, sah er mein Gesicht nicht. Aber die Ärztin sah mich und sagte: "Oh da freut sich aber jemand sehr." „Ja ich freue mich über dieses

Ergebnis sehr", antwortete ich. Denn das bedeutet, dass dieses Ding an der Pleura wahrscheinlich wirklich der Haupttumor ist.

So, jetzt mussten wir direkt zum Chirurgen. Der war in der Stadt. Da hatten wir nur eine halbe Stunde Wartezeit. Der Arzt war sehr nett und klärte uns schnell und gut auf. Er sagte, dass er den Port links legen würde, da ja der Tumor rechts sei. Das sei besser, denn dann kann der Narkosearzt gut an den Zugang dran während einer OP. Da der Tumor links ist, wird während einer OP die linke Seite in diesem Fall schwerer zugänglich. Da Montag schon die Chemo losgehen sollte, sollte der Port dann in einer Woche gelegt werden.

Wir gingen noch in der Stadt zwei Käppis kaufen, weil Lars ja seine Haare verlieren wird und er nicht ganz kahl rumlaufen wollte. Wir holten zwei schöne Kappen.

Ich rief meine Patentante an. Sie ist auch Krankenschwester und Ärztin. Ich habe ihr unter Tränen alles erzählt. Sie war völlig schockiert und weinte am Telefon mit mir. Sie stellte viele Fragen und hatte auch noch ein paar gute Ideen. Ich erzählte ihr von meinem Vater und den Geldsorgen. Sie konnte meinen Vater auch nicht verstehen.

Würde sagen, dass hier die guten Ideen hingehören und das andere etwas kürzer halten.

Wochenende

Ich schrieb meinem Vater eine Mail und versuchte, ihm meine Gefühle, meine Ängste und meine Bitte für finanzielle Unterstützung zu erklären.

Ich fragte ihn in meiner Mail, ob er uns finanziell unterstützen könne, da wir noch an unserem Haus abzahlen.

Ich versuchte ihn mit dem Argument zu überzeugen, ob es etwas Wichtigeres gäbe als Gesundheit, die Gesundheit seiner Familie. Schließlich sei er Beamter in Pension und habe ausgesorgt. Ich fragte, warum er überhaupt zögert.

Mein Vater hat daraufhin mit einem Brief an meinen Mann geantwortet. Er will unbedingt Einsicht in die Rechnungen haben und will mit ihm alles besprechen. Ich konnte es nicht fassen und schrieb an meinem Vater, aber der antwortete meinem Mann. Das war schlimm für mich. Spinnt der jetzt völlig, mein Mann will sowieso keinen Kontakt mehr zu meinem Vater und er schreibt meinem Mann statt mir? Er wolle volle Einsicht in unsere Finanzen haben, sonst gäbe er uns kein Geld. Außerdem sollen wir Lars einfach Voll-Privat versichern, dann hätten wir auch das Problem nicht. Damit war das Thema dann für mich vom Tisch, ich würde meinen Vater nie wieder um Unterstützung bitten!

Montag

Mein Sohn sollte seine erste Chemo bekommen. Mit der Einweisung fuhren wir zur Klinik, meldeten uns an und kamen auf die Station. Hier sagte man uns, dass wir nochmals in die UCT-Ambulanz gehen sollen.

Dort erklärte man uns, dass noch ein entscheidender Befund aus Kiel fehlt, ohne den man nicht loslegen könne. Wir sollten am Freitag wieder kommen.

Enttäuscht, dass wir schon wieder warten mussten und voller Angst, dass das Sarkom weiterwächst, fuhren wir nach Hause. Bei dem letzten CT war das Sarkom schon bei 13,8 cm.

Auf dem Weg nach Hause rief ich bei dem Chirurgen an und schilderte die Situation mit der Bitte, ob wir vielleicht diese Woche noch den Port bekommen könnten. Er erklärte sich einverstanden und bestellte uns nächsten Tag ein. Aber vorher müssten wir noch zum Narkosearzt.

03.Juli

Am Dienstag bekam mein Sohn um 14 Uhr seinen Port. In der Wartezeit ging ich mit meiner Tochter in die Stadt. Ich sagte ihr, dass wir uns ein bisschen ablenken müssten und kaufte ihr und mir etwas Schönes.

Um 18 Uhr konnten wir meinen Sohn wieder mit nach Hause nehmen. Wir holten ihn in der Tagesklinik ab. Ein bisschen mussten wir, natürlich wie immer, warten. Ein Freund von meinem Sohn kam auch zur Tagesklinik und das freute mich sehr. Am Mittwoch fuhren wir zur Wundkontrolle, es war alles in Ordnung.

Außerdem rief ich noch selbst in Kiel an. Der Arzt dort am Telefon sagte mir, dass sich mit großer Sicherheit nichts mehr am Befund des Ewing-Sarkoms ändern wird. Somit kann man die Chemo starten. Es fehlte nur noch der genetische Nachweis, aber das sei seiner Meinung nach nicht entscheidend.

Mein Sohn rasierte sich die Haare. Ich stand neben ihm und musste fast anfangen zu weinen, aber er machte wieder Scherze und ich machte Fotos.

Ich rief in der Klinik und Bettenkoordination an und ließ mir bestätigen, dass mein Sohn am Donnerstag, späten Vormittag, kommen kann.

05.Juli

Wir fuhren am Donnerstag in die Klinik, wo wir, wie immer, warten mussten. Sie sagten mir, dass der Befund aus Kiel nicht da sei. Ich antwortete, dass ich das schon wüsste, man mir aber erklärt hat, dass sich an der Diagnose Ewing nichts mehr ändere, und nur noch der genetische Nachweis fehle. Nein, so fingen sie nicht an. Der Oberarzt kam und meinte sehr unfreundlich, dass dieser kleine Befund doch sehr wichtig sei. Aber sie würden heute schon mal mit der Spülung anfangen. Ich denke, dass sie es überforderte, dass ich mich einmischte und sie somit schneller handeln mussten als gewohnt. Ich höre immer zu und kann immer schnell alles zusammenfügen und danach handeln. Für mich kann es nicht schnell genug gehen.

Außerdem wies uns der Oberarzt darauf hin, dass die Ewing-Sarkome sehr selten sind und alles nach einer bestimmten Studie läuft. In Bonn, das ist die Studienzentrale, laufen die Fäden zusammen und die sagen uns auch, wer der beste Operateur ist. Das dürfen wir nicht entscheiden, sondern nur der Herr Oberarzt. Da ich gleich mit der Tür ins Haus gefallen war und gesagt hatte, dass kein Arzt aus der Klinik im Bereich Herz-Lungen-Chirurgie an meinen Sohn Hand anlegt, war der Herr Oberarzt nicht so glücklich, denke ich. So war er, wie ich finde, ein bisschen barsch zu mir. Das ist aber nicht so schlimm, denn solange er zu meinem Sohn freundlich ist, ist mir das egal. Mir war es wichtig, dass die Herzchirurgen das nicht machen, denn zu der Zeit hatten wir keine Lungenchirurgie und ich finde so eine OP sollte kein Herzchirurg machen.

Nachdem wir schon um neun Uhr morgens in der Klinik waren, bekam mein Sohn dann kurz nach 16 Uhr sein Zimmer. Der Port wurde von einer jungen unerfahrenen Ärztin um 17.30 Uhr angestochen. Ich dachte, ich nehme der Ärztin gleich alles aus der Hand und mache das selbst. Sie knubbelte an dem frisch implantierten Port herum und mein Sohn biss die Zähne aufeinander, um die Schmerzen besser zu ertragen. Sie hatte erst die falsche Nadel, dann hatte sie sich den Port zurecht geschoben. Der war doch erst vor zwei Tagen festgenäht worden. Ich musste sehr an mich halten, um nicht auszuflippen, aber ich blieb ganz ruhig, äußerlich zumindest.

Er bekam dann einen Liter Flüssigkeit. Um 18.30 Uhr fuhr ich nach Hause und überließ meinen Sohn den Kollegen.

Am Freitag war ich gleich kurz nach 08:00 Uhr morgens da. Er bekam dann um zehn Uhr die erste Infusion mit Cortison und einen Nieren-Blasen-Schutz als Perfusor-Spritze über 24 Stunden, um 12 Uhr lief dann endlich die Chemo. Bei der Visite drückte ich über die Zeitverzögerung meinen Unmut aus. Aber ich blieb freundlich, wie ich finde. Der Doktor sagte mir, dass ich ja selbst meinen Sohn eingewiesen hätte, obwohl der Befund noch nicht fertig gewesen sei. Was soll ich dazu noch sagen? Ich hatte mich am Vortag schon erklärt, es war schließlich mit dem anderen Arzt abgesprochen. Dieser hatte die Situation leider nicht geklärt. Mir war das jetzt auch egal, schließlich lief ja endlich die Chemo. Meine Angst war, dass der Tumor immer größer wird und vielleicht in die Lunge reinwächst. Schließlich war der Tumor bei dem letzten Foto schon bei 13,8 cm, das ist sehr erschreckend in der kurzen Zeit, wie ich finde.

Ich blieb den ganzen Tag bei meinem Sohn. Es gab keine besonderen Ereignisse mehr. Der Krankenpfleger war supernett und hat uns sehr viel erklärt. Wie die Chemo läuft, welche wie lange läuft und welche mit Kochsalz laufen darf, welche mit Glucose laufen muss. Wofür das Cortison ist und für was der Nierenblasenschutz laufen soll. Er hat uns noch empfohlen, ein paar Infos in den Broschüren zu lesen. Mein Sohn ließ sich eine über „Ernährung bei Krebs" und eine „Sport bei Krebs" geben. Seine Freundin hat es gelesen und ihm die Kurzfassung davon erzählt. Mein Sohn liest nämlich leider nicht gerne.

Am Sonntag kam eine Schwester, die war auch sehr lieb. Sie hat sich einen Moment zu uns gesetzt und uns viel erklärt. Unsere Unsicherheit und Angst sah man uns wohl an. Sie hat uns auch die Akte mitgebracht, in die ich dann mal reingeschaut habe. Leider hatte ich von Chemo-Therapie war keine Ahnung.

Aber ich kann ja noch lernen. Die Kollegin war wirklich total nett. Sie war sehr einfühlsam und verständnisvoll. An diesem Wochenende waren eigentlich alle nett, bis auf eine Kollegin. Die hatte vielleicht einen schlechten Tag. Ich glaube auch, dass manche Kollegen nicht damit umgehen können, wenn eine Kollegin betroffen ist, die Ahnung hat und mitredet. Ich hatte damit nie ein Problem, aber ich weiß von anderen Kollegen, die das nicht leiden können. Die sind unsicher oder lassen sich vielleicht auch schnell verunsichern.

Am Sonntag bin ich mit meiner kleinen Tochter um 10 Uhr in die Kirche. Da sie Konfirmandin war, sind wir regelmäßig in die Kirche gegangen. Danach ging es zu Lars in die Klinik. Er war ein bisschen müde, aber es ging ihm eigentlich ganz gut. Seine Freundin kam am Nachmittag auch noch kurz vorbei und wir sind ein bisschen im Gebäude spazieren gegangen. Mit der Chemo darf er nämlich nicht in die Sonne. Am Abend kam der Papa noch für eine Stunde vorbei und wir sind dann nach Hause.

Montag früh war die Chemo fertig. Bis die Visite durch und der Brief fertig war, war es 14.30 Uhr. Papa holte ihn ab, denn ich musste arbeiten.

Lars hat ein Tagebuch geschrieben. Ausschnitte davon, werde ich ab und zu hier immer mal wieder einfügen.

Lars Tagebuch:

Die erste Chemo-Phase 05.07.

Im Krankenhaus ging es mir so weit gut, nur die Müdigkeit begann schon am zweiten Abend und dann habe ich Wasser eingelagert. Das war ein unangenehmes Gefühl, da man sich so voll fühlt, als hätte man viel zu viel getrunken.

10.07.18, Dienstag

Gestern kam ich nach Hause, und heute fühle ich mich wieder ähnlich, als ich hätte ich Wasser eingelagert, nur, dass es kein Wasser ist. Es fühlt sich auch eher an wie nach einem viel zu guten Essen, von welchem es viel zu viel gab.

14.Juli

Am Freitag früh nahm ich bei meinem Sohn zu Hause Blut ab und anschließend ging er zum Gespräch in der Krebssprechstunde. Mit Dr. Best in der UCT-Ambulanz hatten wir einen festen Ansprechpartner. Ein kompetenter, geduldiger Arzt. Er hat sich immer viel Zeit genommen. Ich glaube, er war manchmal froh, wenn wir wieder weg waren, weil wir, besonders Lars, immer so viele Fragen hatten.

Am Wochenende sah mein Sohn, wie ich fand, sehr blass aus. Montags habe ich wieder Blut abgenommen, am Vormittag hatte mein Sohn dann wieder ein Gespräch. Die Leukozyten (weiße Blutkörperchen) waren sehr niedrig. Auch der HB (Hämoglobin, der Gesamtwert des Blutes) war nur noch bei 8. Deshalb war er so blass. Seine roten Blutkörperchen gehen durch die Chemo auch kaputt. Nun habe ich Dienstag nochmal Blut abgenommen, da waren die Leukozyten (weiße Blutkörperchen sind zuständig für die Abwehr) noch schlechter. Somit wussten wir, wann der absolute Tiefpunkt von den Leukos ist. Das war wichtig für die nächsten Chemos.

Ab Mittwoch hatte ich Urlaub. Wir sind dann freitags zusammen in die Klinik, wieder eine Blutabnahme und ein Gespräch. Wieder mussten wir vier Stunden in der Klinik mit Warten verbringen. Im Gespräch erfuhren wir, dass die Blutwerte wieder besser waren und auch die Leukos waren wieder fast im normalen Bereich.

Nachdem jetzt alle Werte gut waren und es meinem Sohn auch ganz gut ging, beschlossen mein Mann und ich, unseren Urlaub auf Kreta den wir schon lange vor der Diagnose gebucht hatten, anzutreten. Damit wir noch ein bisschen Kraft schöpfen konnten, um alles weitere besser zu überstehen. Auch für unsere Kleine war es wichtig, ein bisschen Zeit zusammen zu verbringen. Meine Eltern und meine Schwester waren ja auch zu Hause, sowie Lars Freundin. Da war unser Gewissen dann nicht ganz so schlecht. Unser Sohn hat auch darauf bestanden, dass wir in den Urlaub fahren. Er wollte nicht, dass wir seinetwegen zu Hause bleiben. Er ist so tapfer und so erwachsen.

21.Juli

Wir flogen dann für 11 Tage in den Urlaub. Im Flugzeug liefen mir die Tränen, weil ich das Gefühl hatte, meinen Sohn im Stich zu lassen. Auch meine Kleine war sehr traurig und auch mein Mann sah irgendwie unglücklich aus.

Im Urlaub telefonierten wir jeden Tag, teilweise auch zwei- und dreimal. Am Strand rief ich mittags immer an, wenn Papa und meine Kleine unterwegs waren. Denn es ist bei uns Tradition, dass ich mittags immer meine Ruhe bekomme, von mindestens zwei Stunden, damit ich lesen und schlafen kann. Aber dieses Mal nutzte ich die Zeit, um mit meinem Sohn zu telefonieren.

Als dann das zweite Chemo-Wochenende (nannten wir so, weil die Chemo immer über ein Wochenende lief) vor der Tür stand, war ich wieder recht nervös und konnte mich nur schwer entspannen. Ich beauftragte eine gute Freundin, meinen Sohn in die Klinik zu bringen und aufzupassen, dass der Port dieses Mal richtig angestochen wird. Sie kennt den Stationsarzt gut und hat meinen Auftrag sehr gut erledigt. Sie schaute auch jeden Abend vor ihrem Nachtdienst bei ihm vorbei.

Es lief wohl alles recht gut, soweit man das so sagen kann. Auch meine Mutter und mein Vater haben nach Lars geschaut und ein bisschen Zeit mit ihm verbracht. Meine Schwester war auch für einige Stunden bei ihm. Seine Freundin hatte sich auch ein bisschen gekümmert. Montags durfte er heim und dienstags kamen wir auch nach Hause. Ich konnte es kaum erwarten, endlich mein Bub in den Arm zu nehmen.

Als wir dann um kurz vor Mitternacht heimkamen und wir alle Lars in den Arm nehmen konnten, musste ich mich wieder mal sehr beherrschen, nicht zu weinen. Da stand mein Sohn vor mir - ohne Haare und blass.

Wir umarmten uns alle und erzählten durcheinander wie unser Urlaub war und fragten wie die Chemo gelaufen ist und ob es ihm gut geht. Nach ein paar Minuten rückte er dann damit raus, dass er seit zwei Tagen einen Puls von über 130/min hatte, fast durchgehend. Ich konnte es kaum fassen, dass er bisher nichts gesagt hatte, aber er wollte mich natürlich nicht aufregen. Ich habe ihn dann am nächsten Morgen mit in die Klinik geschleift und selbst ein EKG geschrieben sowie einen Herzschall veranlasst. Zum Glück war das alles ohne Befund. Im Labor konnte ich erkennen, dass er zu wenig Kalium im Blut hatte. Das hat wohl den schnellen Puls ausgelöst. Ich lief auf die Station, auf der Lars die Chemo erhalten hatte und fragte nach Kalium Brause Tabletten. Der nette Pfleger war da und sagte mir: „das kommt öfter, vor halte das Kalium immer schön im Blick."

03.August

Freitags hatte Lars dann die Aufklärung für die Stammzellenspende. Ich hatte noch Urlaub und bin natürlich mit ihm hingegangen. Das war schon alles recht interessant, ich kannte mich in diesem Bereich ja gar nicht aus.

In der nächsten Woche lief alles fast wie gewohnt, wir sind arbeiten und Marie (seine Schwester) ist in die Schule gegangen. Lars hielt zu Hause die Stellung. Zwischendurch eine Blutentnahme von mir zu Hause und ein Gespräch in der Klinik.

17.August

Die dritte Chemo fing nicht so gut an. Lars war um 9 Uhr da und musste bis 16 Uhr warten, bis er ins Zimmer kam. Im Zimmer war ein netter Mitpatient, der sehr freundlich war, aber nicht sehr gesprächig. Er wurde ein paar Tage vorher operiert und musste täglich einen frischen Verband bekommen. Er freute sich immer, wenn ich gekommen bin und für ihn etwas Saft zum Trinken mitbrachte.

Um 16 Uhr als er ins Zimmer kam, kam auch direkt die Kollegin dazu und fragte genervt: „hast Du schon die Tabletten gegen Übelkeit bekommen und das Cortison?" Leider musste er beides verneinen. Nichts davon war schon geschehen. Sie machte alles ganz schnell: Tabletten gegen die Übelkeit gebracht, und direkt das Cortison angeschlossen, eine halbe Stunde später schon die Chemotherapie dran. Wir fragten nach dem „Messner" (Nieren-Blasenschutz), „ja der komme auch gleich, kam die genervte Antwort. Samstags waren die Kolleginnen auch nicht besser gelaunt. Eine der Chemos wurde mit Kochsalz angehängt, obwohl uns gesagt wurde, dass sie mit Glucose laufen soll. Lars fragte nach und bekam eine pampige Antwort „sie hätte sich erkundigt und das würde so schon stimmen". Auf der Chemo stand sogar drauf, dass sie mit Glucose laufen soll. Lars hatte ständig ein flaues Gefühl im Magen, was wohl darauf zurückzuführen ist, dass er die Tabletten zu spät eingenommen hatte. Sonntag war sein Bauch auch nicht gut, aber zum Glück durfte er am Montag schon ganz früh gehen.

Nach der dritten Chemo ging es Lars nicht gut. Er hatte starke Halsschmerzen. Nach fünf Tagen waren sie so schlimm, dass er starke Schmerzmittel brauchte, um wenigstens trinken zu können. Außerdem war sein HB-Wert (Hämoglobin) so niedrig, dass er zwei Blutkonserven und eine Thrombozytenkonserve bekommen musste. Da auch seine Thrombozyten kaum mehr messbar waren.

Lars Tagebuch:

3. Zyklus

Der Verlauf des dritten Zyklus war bisher wohl körperlich am anstrengendsten, hier waren die Werte bisher am schlechtesten. Ich hatte unglaublich anstrengende Halsschmerzen die ca. eine Woche anhielten. Ich bekam dafür 2 Schmerzmittel, das eine davon, Tilidin, ist sogar ein leichtes Opioid. Trotzdem reichte es nicht, die Schmerzen vollständig zu blockieren. Im Laufe dieser Woche fühlte ich mich auch von Tag zu Tag immer weniger fit. Da mein HB-Wert auch sehr niedrig war, bekam ich dann zwei Blutkonserven. Damit fühlte ich mich auch wieder etwas fitter. Dann hatte ich am zweiten Wochenende des Zyklus die Stammzellen Sammlung. Diese war zwar relativ entspannt, aber dennoch einfach lang und am Ende sehr nervig, danach aber vier Stunden des Nichtbewegens, während man auch noch in beiden Armen eine Nadel hat und so das Stillliegen anstrengend wird. Die letzte Woche war dann, wie bei allen Zyklen bisher, entspannt, die Werte waren wieder halbwegs normal und mir ging es gut.

05.September

Vor der vierten Chemo bin ich dann auf die Station und wollte mit den Kollegen sprechen, da ich das letzte Mal sehr enttäuscht war von ihrem Verhalten. Da sehe ich am Schreibtisch eine alte Schulfreundin. Ich konnte es kaum fassen. Ich habe mich echt gefreut, sie zu sehen. Ich habe ihr dann sofort alles erzählt. Sie wusste auch gar nicht, dass mein Sohn krank ist. Sie hat mir dann ein paar Tipps gegeben. Wie ich was machen kann und wie was laufen soll und wen ich ansprechen kann, wenn es nicht so gut läuft. Einfach großartig meine alte schlaue Schulfreundin. Der Stationsarzt war auch ganz überrascht, dass wir uns so innig umarmt haben und auch die anderen Kollegen haben blöd geguckt. Ich glaube, das hat einiges verändert. Denn bei der vierten Chemo lief alles glatt. Die Kollegen waren sehr nett und hilfsbereit und haben sehr auf die Hygiene geachtet. Die beiden Kolleginnen von dem letzten Chemo-Zyklus habe ich nicht mehr gesehen, vielleicht haben sie die Abteilung gewechselt, weil sie mit der Arbeit hier nicht klarkamen. Die Arbeit auf so einer Station ist auch hart und psychisch sehr belastend. Die Arbeit auf so einer Station kann aber auch sehr schön sein, denn die Dankbarkeit bei Patienten mit Krebs ist ehrlich und es gibt auch viele Patienten die geheilt entlassen werden. Das ist ein gutes Gefühl.

Lars Tagebuch:

4.Zyklus

Der vierte Zyklus, in dem ich mich aktuell noch befinde, stellt sich als äußerst schwierig heraus, da ich mehreren psychischen Belastungen ausgesetzt war bzw. immer noch bin. Als erstes habe ich im Krankenhaus auf Station einen (nicht schönen) Todesfall mitbekommen, über den ich das ganze Wochenende nachdenken musste. Dann am Montag, als ich wieder heimkam, hatte ich einen größeren Streit mit meiner Freundin. Im Laufe der Woche, in der ich wie immer im Grunde nur zuhause rumhänge und zocke bekomme ich ein immer größeres Problem damit, nur zuhause zu sitzen und habe auch immer weniger Lust zu zocken. Am Wochenende habe ich mit meiner Freundin wieder aus dem gleichen Grund eine Diskussion. Am Tag darauf wieder einen Streit mit ihr, ich habe immer mehr das Gefühl, dass ihr andere Sachen wichtiger sind als ich, obwohl ich sie aktuell einfach an meiner Seite bräuchte. Sie sagte mir zwar einige Stunden nach dem Streit wieder, dass es ihr leidtue und sie das alles bereue und gibt zu, dass sie egoistisch war und... und... und. Ich bin aber leider immer noch sauer und enttäuscht und habe daraufhin beschlossen nicht mehr mit ihr zu schreiben und wollte von ihr in Ruhe gelassen werden. Und jetzt bekomme ich heute, am 17.09.2018, zum zweiten Mal eine Blutkonserve auf Grund meines schlechten HB-Wertes, dieser ist nur bei 6,1.

07.September

Das vierte Chemo-Wochenende lief komplikationslos.

Die Komplikationen kamen erst danach.

Nach der vierten Chemo ging es Lars nach einer Woche gar nicht gut. Seine Zunge war an den Seiten komplett offen und auch sein Hals war ganz wund. Er hatte schlimme Schmerzen und konnte gar nichts mehr trinken, oder Essen. Er konnte noch nicht mal mehr seine Spucke schlucken. Er hatte dann auch noch extremen Stress mit seiner Freundin, die nie Zeit für ihn hatte, obwohl er sie so sehr gebraucht hätte. Freitags den 14.09.war bei der Laborkontrolle schon der HB nur bei 7,7 und auch die „Leukos" waren am Fallen. Montags war dann wieder Labor-Kontrolle. Da war der HB nur noch bei 6,1 und die Leukos kaum mehr messbar. Als ich abends von der Arbeit heimkam, lag er im Bett und sagte, ich soll kommen. Ich bin zu ihm und er weinte vor Schmerzen und Verzweiflung und weil er seine Freundin und sein Leben so vermisst. Ich umarmte ihn und merkte, dass er auch ganz heiß war. Ich klemmte ihm das Thermometer unter den Arm, er hatte Fieber. Das wollte er jetzt noch viel weniger wahrhaben. Er wollte nicht in die Klinik.

Seine Freundin kam dann doch noch am Abend und ich rief schon mal meine Freundin an, die in der Notaufnahme arbeitete und sagte ihr, dass wir mit Neutropenie-Fieber (Unter Neutropenie versteht man die Verminderung der Granulozyten. Die sind unter anderem für die Abwehr zuständig) auf dem Weg in die Notaufnahme sind. Meine Freundin hat alles telefonisch vorbereitet, das war echt gut. Eine Ärztin, die ich kannte, hatte Dienst, das machte alles noch ein bisschen einfacher. Braunüle (Nadel in der Vene) legen, Blut abnehmen, Blutkulturen (spezielle Blutabnahme) fertig machen, Antibiose für die Vene fertig machen und anhängen sowie Schmerzmittel die über die Vene schneller wirken, verabreichen. Die diensthabende Onkologin (Ärztin für Krebs) kam dann auch, um den Port anzustechen. Ich sagte noch, dass die Nadel zu groß sei, aber sie meinte, dass die passen würde. Letztendlich sollte ich recht behalten. Ich muss lernen, mich mehr durchzusetzen, denn bisher hatte ich eigentlich immer bei solchen Sachen recht. Ich traue mich nur nicht das zu sagen, denn da könnte sich ja jemand auf den Schlips getreten fühlen.

Blut konnte sie über die Portnadel abnehmen, aber sonst nichts, denn die Nadel hat ja nicht gepasst! Lunge wurde geröntgt und dann bekam er ein Bett auf der Notaufnahme Station. Dort war ein sehr netter Pfleger, der sich um Lars sehr bemüht hatte. Um 1 Uhr morgens bin ich nach Hause gefahren, um ein wenig Schlaf zu bekommen, bevor ich um 5 Uhr wieder zur Arbeit fuhr. Um 7 Uhr habe ich Lars Tee gebracht. Der Pfleger, der Frühdienst hatte, war supernett und lustig, so dass ich beruhigt an meinen Arbeitsplatz zurückkehren konnte. Lars hat dann auch noch den Psychologischen Dienst angenommen, das hat ihm neue Kraft gegeben. Um 12 Uhr durfte er dann auf seine Station. Er hatte wieder einen netten Mitpatienten, der auch sehr krank war. Lars bekam dann einen Morphin Perfusor gegen die Schmerzen und Fresurbin Drinks (kalorienreiches Getränk.) Nach meiner Arbeit bin ich wieder zu Lars geeilt, um darum zu bitten das er intravenös ernährt wird, da er ja seit Tagen nichts gegessen hatte und er schon so viel abnahm. Lars hat sofort das Gewünschte erhalten. Ich bat außerdem um einen Arzt vom Schmerzdienst, damit Lars eine richtige Dosis Schmerzmittel bekommt. Die Ärzte vom Schmerzdienst können das am besten anpassen, mit den Schmerzmitteln und den Nebenwirkungen. Das half ihm sehr. Lars fragte den Schmerzarzt nach Cannabis auf Rezept und welche Sorte da am besten wäre. Über die Wirkungsweise von Cannabis konnte der Arzt nicht viel sagen, aber er hat Lars einen Tipp gegeben, wohin er sich wenden könnte.

Lars bekam zwei weitere Blutkonserven und ein Thrombozyten-Konzentrat, (Blutkonserve aus Thromozyten) weil seine Werte weiterhin so schlecht waren. Ab Donnerstag ging es ihm dann langsam besser und Freitag konnte ich ihn nach der Arbeit mit nach Hause nehmen.

28.September

Eine Woche später 28.9. hatte Lars Geburtstag. Es kamen ein paar Jungs und alles lief ganz gut. Ich glaube, Lars hat der Tag gefallen. Mein Mann hat wieder seine Grillkünste spielen lassen und alle mit leckerem Essen glücklich gemacht.

Montag, nach seinem Geburtstag, kam der fünfte Chemo-Zyklus. Das lief fast reibungslos. Der „Messner" lief ein bisschen zu spät, aber sonst war es alles ok.

Lars Tagebuch:

Leider habe ich lange nichts geschrieben, aber ich fasse mal zusammen, was seit dem 17.09.18 bis heute 07.11.18 so passiert ist.

Die 5. Chemo habe ich ein paar Tage verschieben lassen, da diese sonst am 28.09.18 gewesen wäre und ich an diesem Tag Geburtstag habe. Der Tag fiel auf einen Freitag und so habe ich die Chemo auf den Montag geschoben und das Wochenende mit Freunden und Familie genossen. Es war nicht der Geburtstag wie ich ihn mir vor ein paar Monaten vorgestellt hatte, mit großer Party, Alkohol und draußen im Garten mit vielen Leuten. Aber trotzdem war es das Beste, was man daraus machen konnte. Wir waren erst bei mir zu Hause. Ich hatte 9 Freunde eingeladen und es gab Fleisch vom Grill und leckere Salate und Beilagen. Da kann ich nur ein „Danke" an meine Eltern aussprechen. Das Schöne an dem Abend war, dass sich alles so normal angefühlt hat. Es wurde viel gelacht und es hat einfach Spaß gemacht.

Am nächsten Tag, am Sonntag, gab es dann ein Mittagessen mit der Familie im „Freeway", das war auch sehr schön und leckeres Essen wie immer.

5. Zyklus

Die 4 Tage im Krankenhaus verliefen so wie immer, nur dass Dr. A. mir sagte, dass er die Klinik verlassen wird. Das ist sehr schade.

Ich habe zu lange nichts geschrieben. :(

02.Oktober

Nun ging es um den Termin in der Spezialklinik in der Lars operiert werden sollte. So eine große OP können nicht viele bei einem Ewing Sarkom durchführen. Uns wurde gesagt das die in der Spezialklinik erst nach der Tumorboard Konferenz sich melden werden, Das sollte nach Auskunft des hiesigen Arztes am 21.9.sein. Diese Auskunft war aber falsch. Die Tumorboard Konferenz in der Klinik, in der Lars operiert werden sollte, fand erst am 28.09. statt, weil nicht alle Unterlagen da waren. Ich habe dann in der Klinik selbst angerufen und eine sehr nette Chefsekretärin am Telefon gehabt. Diese teilte mir mit welchen Daten noch fehlten und ich sendete Ihr das noch zu. Wir haben mehrfach miteinander telefoniert, weil vieles unklar war, z.B. ob wir ein aktuelles MRT dabeihaben sollen oder nicht. Dienstagabend kam der Anruf, dass wir ein aktuelles MRT mitbringen sollen, was in der gleichen Auflösung wie die Letzten sein muss. Für kommenden Montag musste ich also schauen, wie ich ein aktuelles MRT bekomme. Mittwoch war Feiertag und somit konnte ich mich erst Donnerstag darum kümmern. Ich habe bei mir im Chefbüro nachgefragt und eine liebe Ärztin hat im Auftrag von meinem Chef und mit seiner Hilfe einen Termin für den nächsten Tag bekommen. Ich bin in solchen Momenten sehr froh, dass ich so liebe Kollegen habe. Der Stationsarzt von Lars war mir sehr dankbar, dass ich mich darum gekümmert habe. Er hätte so schnell keinen Termin bekommen teilte er mir mit.

07.Oktober

So weit, so gut, wir sind am Sonntag in die bestimmte Stadt gefahren und waren in einem netten Hotel mit Lars und seiner Freundin. Abends waren wir bei einem Chinesen Essen. Am nächsten Morgen sind wir um 8 Uhr früh zur Klinik gefahren. Die Klinik ist weit außerhalb gelegen, direkt im Grünen. Sehr schön, erinnert an eine Kurklinik. Absolute Stille, Reiterhöfe rundherum. Wir mussten auch gar nicht lange warten. Eine halbe Stunde und der nette Arzt hatte Zeit für uns. Seine Sekretärin war sehr freundlich, auch nicht aufgesetzt freundlich, sondern wirklich echt. Auch ihre Stellvertretung, mit der ich telefoniert hatte, kam vorbei und wir haben kurz gesprochen. Alle waren sehr nett. Der Professor war sehr sympathisch. Er hat uns alles großartig erklärt, wie die OP sein wird und dass er das ganze Ausmaß des Tumors erst sehen kann, wenn er hineinschaut in den Brustkorb. Er wird einen Schnitt seitlich zwischen den Rippen machen und den Tumor lösen. Wenn das Rippenfell nicht beteiligt ist, wird die Operation nicht ganz so lange und aufwendig. Wenn das Rippenfell in Mitleidenschaft gezogen ist, kommt eine Rippe ganz raus und zwei Rippen halb. Dafür wird eine „Gore-Tex-Plastik" eingesetzt. Die soll dann den Brustkorb stützten und schützen. Er wird dann zwei Drainagen für mindestens zwei Tage haben, die ein bisschen schmerzhaft sind. Er wird wohl fünf bis zehn Tage dortbleiben müssen. Es könne auch noch sein, dass der Tumor sich nicht entfernen lässt. Dann würde er wieder vernähen und es müsse bestrahlt werden. Aber davon ginge er nicht aus. Nach der Operation wird das Tumorgewebe eingeschickt und mit dem anschließenden Befund würde entschieden, ob und wie lange bestrahlt werden müsse.

Ich musste jetzt noch organisieren, wo wir unsere Tochter unterbringen, denn wenn wir zu der großen Operation in den weiter entfernt fahren, will mein Mann natürlich auch bei dabei sein und ein paar Tage bei Lars bleiben. Sie konnte dann bei einer Freundin bleiben, die auch bei uns in der Straße wohnt, so dass sie auch weiter in die Schule gehen konnte. Meine Mutter war auch jederzeit da, um Marie zu unterstützen. Und auch meine Schwester hatte Marie für eine Nacht bei sich. Das hatte zum Glück gut geklappt.

Zwischen der fünften und sechsten Chemo

Wieder einmal sind die Leukozyten am Tiefpunkt. Gestern hatte Lars seinen Termin in der UCT-Ambulanz und wollte nicht hin, seine Halsschmerzen waren auch sehr schlimm, das Schmerzmittel hat nicht geholfen. Ich wollte auch nicht, dass er Auto fährt und er wollte nicht Taxi fahren. Also hat er gesagt, dass er zu Hause bleibt. Nach langem hin und her habe ich in der UCT-Ambulanz angerufen, die waren nicht begeistert, aber was sollen sie machen. Am Nachmittag hat der Arzt angerufen und mir gesagt, dass ich am nächsten Morgen nochmals Blut abnehmen soll, um zu schauen, ob er wieder Konserven braucht. Sein HB-Wert und seine Thrombozyten sind auch sehr schlecht. Er fragte noch das Übliche ab, ob es Blutungszeichen und Luftnot gäbe oder Fieber. Aber ich konnte ja zum Glück alles verneinen. Am Samstag habe ich dann kurz nach 7 Uhr Blut abgenommen und Lars in die Klinik gebracht.

Lars und ich sind sehr miteinander verbunden. Ich hatte gestern ein langes Gespräch mit ihm. Ich erzählte ihm, dass ich auch immer, wenn es ihm schlecht geht, die gleichen Symptome habe aber natürlich nur ganz leicht. Ich habe auch seit drei

Tagen leichte Halsschmerzen und bin mit einer tiefen Traurigkeit belegt. Er sagte, dass er auch gerade sehr traurig ist. Er hat manchmal großen Zorn und fragt sich, warum er so leiden muss, warum er diese Prüfung durchgehen muss, gleichzeitig weiß er aber, dass er es schaffen wird. Er erzählte mir, dass er auch Bauchschmerzen hatte, als ich in die Klinik musste. Er sagte, dass es schlimm für ihn war, als ich vor ein paar Jahren, eine Woche in der Klinik lag mit Eileiterentzündung. Er habe viel geweint, weil es für ihn kaum auszuhalten war, dass es mir so schlecht ging. Wir sind uns sehr nah.

Ich liebe meinen Sohn. Er ist ein unglaublich toller Mensch. Er ist so einfühlsam und hilfsbereit, hat ein sehr großes Herz und passt immer auf, dass alles gerecht ist.

Lars erzählte mir, dass er sich gut fühlt, wenn er Hasch konsumiert. Er hat dann fast keine Schmerzen und hat auch Hunger. Schließlich nahm er schon 16 Kilo ab und möchte wieder zunehmen. Er hat Angst davor, immer dünner zu werden. Ich meinte dann soll er ruhig immer mal ein bisschen Gras konsumieren, wenn das hilft. Schlimmer als die Schmerzmittel ist das nicht. Da er viel Zeit hat, hat er recherchiert, welche Pflanzen ihm am besten helfen können und welche man besser als Tee konsumieren kann. Es gibt wohl auch einen Vaporisator, da wird dann inhaliert aber ohne Tabak. Der Tee und auch der Vaporisator haben ihm gut geholfen, ohne Schmerzen zu schlafen und sogar etwas zu Essen. Leider ist das illegal und deshalb kann er das nicht machen und muss hoffen auf einen Arzt der ihm ein Rezept ausstellt. Was er dann auch tatsächlich geschafft hat. Er hat Hanf auf Rezept bekommen!

23.Oktober

Letzte Chemo vor der Operation. Lars ging dieses Mal erst dienstags, weil seine Freundin am Montag Geburtstag hatte. Es war ihm an diesem Tag so wichtig, sie von der Berufsschule zu holen und mit ihr essen zu gehen. Leider war sie mal wieder krank geworden und das Treffen musste ausfallen.

Am Dienstag ging dann die Chemo wieder los. Ich hatte am Montag Blut abgenommen und die Kollegen auf der Station wussten Bescheid, dass er kommt. Als er mittags kam, musste er, wie immer, auf seinem Zimmer warten. Als ich um 16 Uhr nach Feierabend in Lars' Zimmer kam, hatten sie noch nicht angefangen. Dann geschah wieder alles gleichzeitig. Tablette gegen Übelkeit und die erste Chemo lief. Ich fragte nach dem „Messner", „der müsse nicht so früh laufen". Wurde ich angeblafft. Lars bekommt normalerweise erst die Tabletten, dann den "Messner" und das Cortison, als letztes die Chemo. Wir hatten keine Kraft zu diskutieren. Wir sind genervt. Ich blieb bis 18 Uhr, da lief dann auch endlich der „Messner".

Am nächsten Tag bestellte ich mittags eine Pizza, damit Lars etwas isst, denn er hat jetzt nur noch 64 kg. Er hat auch nur die Hälfte der Pizza gegessen da er durch die Chemo nichts mehr schmeckt. Aber besser die Hälfte als gar nichts. Die nächsten Tage hat er fast nur geschlafen, alles lief so weit komplikationslos.

Freitag durfte er heim. Er hatte es sehr eilig aus der Klinik zu kommen. Ich zog ihm die Portnadel und er lief raus zum Auto, mit dem ich morgens gekommen war. Nichts wie raus. Er vergaß den Arztbrief und die „Spritze" für die Leukozyten.

Samstags rief mich dann morgens der nette Pfleger an und sagte, dass ich die Spritze für die Leukos, noch holen müsse. Ich fuhr dann schnell in die Klinik und holte sie.

6. Zyklus Tagebuch Lars

Der Aufenthalt im Krankenhaus zur Chemo verlief so weit normal. Die 6. Chemo sollte aber die bis hier hin schwerste sein. Kurz bevor es nach Hamburg gehen sollte, genau genommen eine Woche vorher, bekam ich die bisher stärkste Mukositis die so schlimm war, dass ich nichts mehr trinken oder Essen konnte.

Als ich dann freitags ins Krankenhaus kam, bekam ich direkt Morphin über den Port, was einigermaßen gut gegen die Schmerzen half, und abends konnte ich dann endlich wieder trinken. Einen Schluck kalte Fanta habe ich getrunken, und ich habe mich noch nie so sehr über etwas zu trinken gefreut.

Leider hatte das Morphin bei mir einen Harnblasen Krampf ausgelöst. D.h., ich brauchte einen Blasenkatheter. Den sollte die Nachtschwester legen. Sie versicherte mir, dass es nicht schlimm sei, als sie es dann beim 3. Versuch nicht schaffte schickte sie mich (zu diesem Zeitpunkt hatten wir etwa 3 Uhr morgens) allein unter dem Einfluss vom Morphin in die Urologie. Diese musste ich dann auch erstmal suchen. Ich wusste nicht wohin, also rief ich meine Mom an, diese wäre am liebsten gerade in die Klinik gekommen und hätte denen mal ... naja sie blieb zuhause und beschrieb mir den Weg. Ich kam an und die Urologin schaffte es dann beim insgesamt 4. Versuch, den

Katheter zu legen. Im Laufe der nächsten Tage wurde die Mukositis wieder besser und ich konnte Dienstag oder Mittwoch nach Hause gehen (genau weiß ich es nicht mehr), gerade mal 5 Tage bevor wir in die Spezial Klinik zur Operation fuhren.

31.Oktober

Ab Mittwoch hatte Lars dann wieder Halsschmerzen und fühlte sich schlecht. Donnerstag war Feiertag (Allerheiligen, also der 1.November.), Freitag hatte er einen Termin in der UCT-Ambulanz. Morgens hatte ich Blut abgenommen und in weiser Voraussicht auch schon ein zusätzliches Röhrchen für Kreuzblut, (damit werden die Blutkonserven bestimmt) da ich mir schon dachte, dass er wieder Konserven brauchen würde.

Als ich dann später im Labor nachschaute, hatte er einen HB-Wert von 7,5, was eigentlich noch nicht so schlecht ist, aber weil ihm ja eine große OP bevorstand, sagte der Arzt, dass er Blut bekommen sollte.

Als Lars in der Klinik angekommen war rief er mich an und wir trafen uns vor dem Gebäude. Ich sah schon, dass es ihm sehr schlecht ging. Er konnte sich kaum auf den Beinen halten. In diesen Momenten muss ich immer an mich halten, um nicht in Tränen auszubrechen. Ich sehe, dass es meinem Sohn extrem schlecht geht und kann nichts machen. Ich bin hilflos. Oben in der UCT-Ambulanz angekommen, musste er sich auch direkt setzten. Ich meldete ihn an und bat darum, dass er sich hinlegen kann. Die Schwestern in dieser Abteilung sind einfach großartig. Immer nett und hilfsbereit. Er durfte sich direkt hinlegen in einem bequemen Stuhl. Lars lag kaum, da kam auch schon der Arzt und wir gingen ins Besprechungszimmer. Lars musste sich auch da direkt hinlegen. Dr. Best sagte zu Lars, dass er heute besser hierbliebe. Lars sagte auch sofort zu. Er konnte vor Halsschmerzen kaum noch sprechen und kaum noch bzw. gar nicht mehr seine eigene Spucke schlucken. Er musste sie ausspucken.

Während die Blutkonserven liefen, ging ich noch mal schnell ein bisschen arbeiten. Unter Tränen wertete ich einige EKGs aus. Meine direkten Kollegen sprachen kaum mit mir, obwohl ich berichtete, was los ist. Kurz vor Feierabend, sagte ich, dass ich wegmüsste, da es meinem Sohn so schlecht ginge. Ich sagte meiner Chefin Bescheid und konnte direkt gehen.

Danach fuhr ich Lars im Rollstuhl auf die Station. Dort bekam er direkt ein Bett und den Morphin-Perfusor dran. Ich hatte in der Zwischenzeit meinem Lieblingsarzt aus dem Schmerzdienst angerufen und er schickte direkt jemanden zu Lars. Außerdem bekam er auch direkt Ernährung über den Port, weil er ja nichts mehr essen konnte. Dieser Zustand hielt bis Montag. Montags ging es ihm schon wieder besser. Am Dienstag wurden der Perfusor und die Ernährung entfernt. Mittwoch, den 7.11., fanden noch ein CT und eine Lungenfunktion statt, danach ging es wieder heim. Er hatte auch keine Lust auf die CD vom CT zu warten. Die sollte er nämlich mitnehmen aus dem CT. Dort sollten alle Bilder, die bisher gemacht wurden, aufgespielt werden, damit wir das in die Spezialklinik mitnehmen konnten. Er ist wieder nach Hause gefahren mit der Portnadel die noch steckte.

Als ich Feierabend hatte, zog ich ihm die Portnadel zu Hause und sagte ihm, dass das so eigentlich nicht geht. Ich habe viel

Verständnis, aber die CD brauchen wir, jetzt musste ich nochmal in die Klinik, um die CD zu holen. Das war schon sehr nervig das immer ich mich um alles kümmern musste, aber für mein Kind mach ich ja alles.

Mir ging es die ganze Woche schon nicht so gut. Ich hatte eine Kiefernhöhlenentzündung und Marie war auch schon seit Dienstag krank und mit Husten zu Hause. Wir gingen dann am Donnerstag zum Arzt und ich blieb auch den Freitag noch zu Hause.

Mein Auto hatte eine kaputte Scheibe, das ließen wir am Freitag reparieren, damit Lars beim Autofahren nicht erfrieren musste.

Samstags packte ich unsere Koffer, da wir ja sonntags zur Spezialklinik fahren wollten. Marie half mir beim Packen.

11.November, Fahrt zur Spezialklinik

Am Sonntag haben wir zunächst Marie zu meiner Mutter gebracht und sind dann weiter zur Klinik gefahren. Ich hatte mir Urlaubstage gesammelt, damit ich zwei Wochen bei Lars bleiben konnte.

Im Hotel angekommen, haben wir uns ein bisschen ausgeruht und sind abends Essen gegangen. Später haben Vater und Sohn noch Billard im Hotel gespielt. Ich hatte keine Lust mehr und wollte nur noch schlafen, das Antibiotika macht müde. Montag früh um acht Uhr sind wir zur Klinik gefahren. Wir waren recht pünktlich um 9 Uhr da. Es ging alles sehr flott, Aufnahme, Station, Zimmer, EKG, Lungen-Funktions-Prüfung, Labor,

Arzt-Gespräche. Wir waren bis ca. 16 Uhr beschäftigt. Auch der Prof. kam noch mal vorbei. Alle waren sehr nett. Der Prof. sagte uns, dass er einen Termin um 10 Uhr außerhalb der Klinik hätte und ob wir damit einverstanden wären, wenn Lars von einem anderen Arzt operiert wird. Mich hat die Frage verärgert. Wir gaben ihm deutlich zu verstehen, dass wir ja nur seinetwegen den weiten Weg gekommen sind und keinen anderen Operateur akzeptieren würden. Der Stationsarzt sagte uns dann, dass wir sicherlich gegen 13 Uhr mit der OP rechnen könnten. Vom Narkosearzt erfuhren wir, Lars sei für acht Uhr geplant. Der Oberarzt, der mit am OP-Tisch stehen sollte und die Aufklärung gemacht hat, war sehr verwundert über den Termin von seinem Chef und sagte auch, dass Lars als einziger auf dem OP-Plan stehen würde und gleich als erstes drankommen würde. Dann funktioniert doch alles bis mittags und wir waren froh, dass Lars nicht so lange warten musste.

13.November

Am nächsten Morgen schrieb mir Lars um sieben Uhr, dass es los geht. Ich wünschte ihm Glück und war sehr nervös. Um halb neun schrieb mir Lars, dass er wieder in seinem Zimmer sei und die Operation erst später stattfinden würde. Er erzählte, dass er beim Herzultraschall war und auf dem Weg zur OP den Professor getroffen habe, der Lars erst nochmal ins Zimmer geschickt habe. Ich war irritiert. Aber was soll man da machen? Es ist einfach so und wir hofften nun, dass er nicht doch bis mittags warten müsse.

Um viertel nach neun schrieb mir Lars wieder, dass es jetzt doch los geht. Meine guten Wünsche konnte er nicht mehr lesen, denn da war er schon weg. Um 14 Uhr hatten wir noch nichts gehört und sind dann einfach mal in die Klinik gefahren. Dort haben wir uns vor dem OP postiert und auf den Prof. gewartet. Der ist uns dann auch tatsächlich gegen 15 Uhr vor die Füße gelaufen ist. Er sagte uns dann, dass alles gut gelaufen sei, er aber mehr herausnehmen musste, als er geplant hatte. Er hat einen Teil des unteren Lungenlappen herausgenommen sowie die Hälfte vom Mittellappen. Außerdem musste er Teile des Knochens von der fünften bis zur zehnten Rippe entnehmen, was für Lars sehr schmerzhaft werden würde. Ich kann kaum beschreiben, wie ich mich in dem Moment fühlte. Ich hatte Angst davor, wie es weitergehen würde. Rippen sind entfernt worden, wie wird es dann Lars ergehen? Wie stark werden die Schmerzen sein?

Wir sind erstmal an die frische Luft und haben uns umarmt und zusammen geweint. In der Zwischenzeit rief ich Marie und meine Mutter an, sowie seine Freundin. Mein Mann rief seine Eltern an.

Eine Stunde später durften wir Ihn auf der Intensiv-Station besuchen.

Wir waren dann auf der Intensivstation als er wach wurde und starke Schmerzen hatte. Der Pfleger war sehr lieb und hat sich ganz großartig um Lars gekümmert. Er war sehr offen und gesprächsbereit. Lars wurde auch innerhalb der nächsten halben Stunde wacher und konnte immer besser sprechen. Ich befeuchtete ihm ein bisschen den Mund, hielt ihm seinen Kopf und massierte ganz vorsichtig seinen Nacken. Er hatte nämlich Nackenschmerzen, wahrscheinlich von der Lagerung.

Er lag da sehr tapfer und posierte sogar lächelnd mit Daumen hoch für ein Foto.

Er sagte uns, dass er genau wüsste, dass jetzt alles gut werden wird und meinte: „Mama, die haben alles rausgeschnitten, der Krebs ist weg". Das hat mich ganz schön umgehauen, dass er so tapfer ist. Ich hätte am liebsten nur geweint und mich zu ihm gelegt und ihn ganz festgehalten. Aber dafür ist er ja schon zu groß. Wir waren zwei Stunden bei ihm und sind dann relativ erleichtert ins Hotel gefahren. Wir gingen noch etwas Essen und mein Mann und setzten uns noch für ein Getränk an die Hotelbar. Der Chef und Freund von meinem Mann kam vorbei, da er in der Stadt wohnt. Ich lies die beiden allein. Ich brauchte ein bisschen Zeit für mich und den Männern war das bestimmt auch recht.

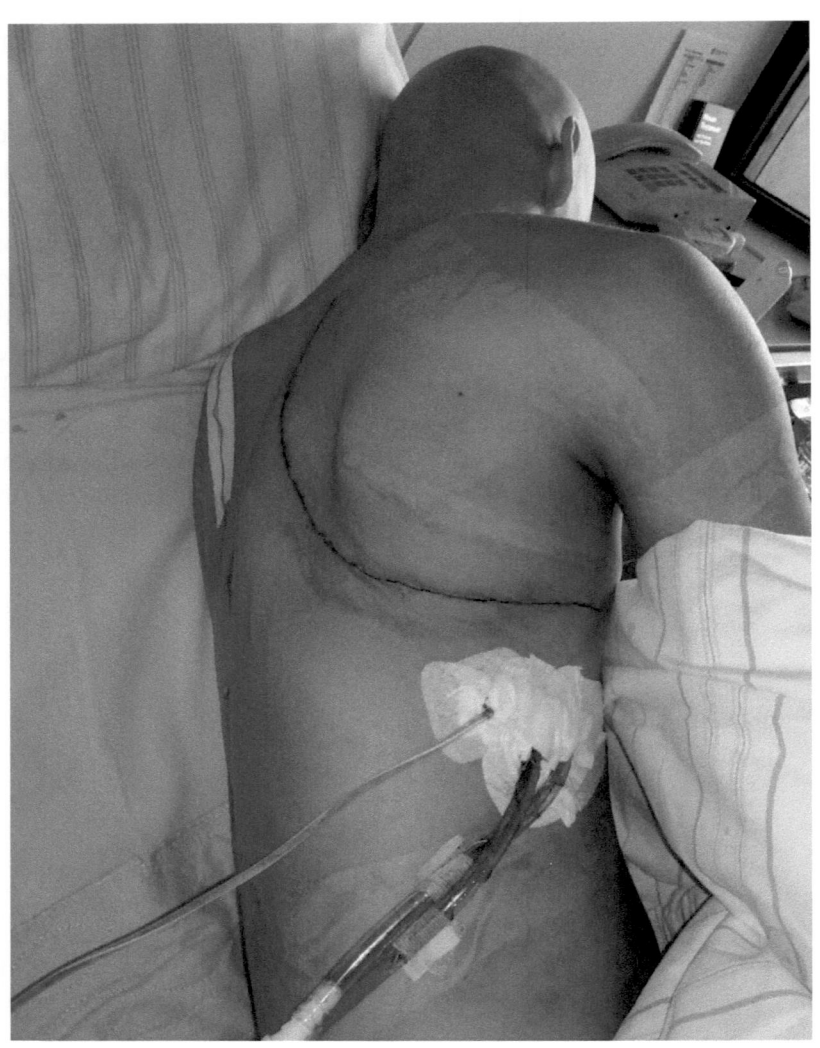

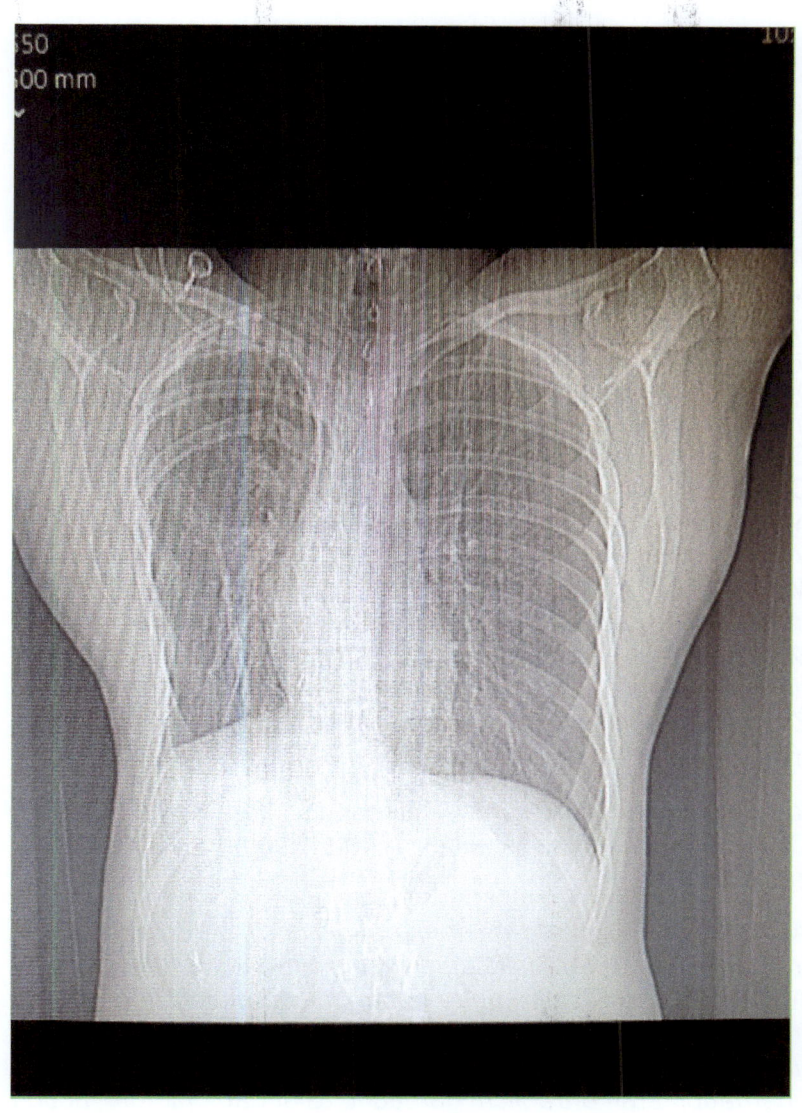

Nach der OP. Man sieht, der Tumor ist weg und ein paar Rippenstücke auch.

Lars Tagebuch

Operation

Wir kamen Sonntagnachmittag in der Stadt, in der ich operiert werden sollte, an, dort gingen wir noch lecker Essen danach spielte ich mit meinem Vater Billiard. Am nächsten Morgen ging es in die Klinik. Heute sollten alle letzten Gespräche bezüglich der Aufklärung etc. laufen. Nun stand der OP nichts mehr im Wege. Ich hatte einen unglaublichen Respekt vor der OP, aber wie sich herausstellte, reichte dieser nicht aus. Die OP verlief gut, war auch 100% erfolgreich, der Preis dafür waren Teile von 5 Rippen und ein Stück der Lunge. Ich hatte trotz Unmengen an Schmerzmitteln, noch Schmerzen. Der Moment, als ich wach wurde und von dem OP-Bett auf das Intensiv-Bett sollte, war wohl einer der schmerzhaftesten Momente in meinem bisherigen Leben. Doch der wurde kurz darauf getoppt als zwei Radiologie Assistenten in mein Zimmer kamen und mich röntgen mussten. Dafür musste ich mich aufrecht hinsetzten.

Ich hatte einen echt coolen Pfleger auf der Intensiv-Station. Dieser brachte mir sogar einen TV auf einem Infusionsständer zur Ablenkung.

Am nächsten Tag kam ich dann auf die normale Station zurück. Im Laufe des Aufenthalts kam meine Freundin einmal vorbei. Auch zwei alte Schulfreunde haben mich besucht. Beides hat mich sehr gefreut. Meine Mom war von Anfang bis Ende dabei und hat mir unheimlich viel Kraft gegeben und die Zeit überhaupt erst erträglich gemacht. Sie gab mir die nötige Motivation, mal aufzustehen, auch wenn ich nicht wollte. Natürlich kamen auch Papa und Marie nochmal vorbei auch das war sehr schön. Von da an verlief der Aufenthalt relativ unspektakulär, insgesamt war ich 12 Tage dort. Zu erwähnen wäre nur noch das in dieser Klink das Essen, um Welten besser war als in der Heimat.

Die Fahrt mit dem Taxi nach Hause war auch eine unerwartete Qual.

14.November

Wir fuhren gegen zehn Uhr zu Lars in die Klinik. Es hieß, dann sei er oben auf der Station.

So war es dann auch. Als wir kurz nach zehn Uhr bei ihm waren, lag er in seinem Bett und freute sich über unseren Besuch. Er hatte Schmerzen, die aber wegen des Schmerzkatheters einigermaßen auszuhalten waren. Es kam dann auch der Prof., der recht zufrieden war mit dem Ergebnis. Das Pflegepersonal kümmerte sich auch gut um Lars. Außerdem kam noch eine Schwester vom Schmerzdienst, die uns mit einigen Informationen über die Schmerzen versorgte.

Gegen Mittag musste mein Mann nach Hause fahren. Er brachte mich noch in meiner Pension vorbei. Ich bezog mein Zimmer und lief dann zu Lars zurück.

Lars hatte bei jeder Bewegung Schmerzen, und es fiel ihm sehr schwer, sich zu setzen. Ich half ihm, zu inhalieren und am Abend half ich ihm, auf die Toilette zu gehen. Der Blasenkatheter war am Morgen schon gezogen worden, aber die Urinflasche, die ihm bereitgestellt wurde, wollte er nicht benutzen. Er wollte auf die Toilette. Nach dem leider erfolglosen Toilettenbesuch war er ziemlich geschafft. Es war mittlerweile auch schon 17 Uhr und ich machte ihm das Abendessen. Er wollte es dann noch einmal versuchen und ich half ihm wieder auf die Toilette. Wieder ohne Erfolg. Ich wurde langsam unruhig, weil ich ja noch durch den Wald zu meiner Pension musste und mittlerweile war es schon dunkel. Lars gab auf und legte sich wieder hin. Nun hatten wir Sorge, ob er wieder einen Katheter brauchte. Aber er probierte es nochmal als ich weg war und war endlich erfolgreich.

Ich bin dann im Dunklen zu meiner Pension gelaufen. Eine Straße durch den Wald. Ich hatte schon ziemlich Angst. Ich bin sehr schnell gelaufen und war dann in gut acht Minuten in meinem Zimmer. Schweißgebadet, aber froh angekommen zu sein. Meine Hoffnung war ja, dass ich hier für maximal sieben Nächte bleiben würde. Ich räumte meinen Koffer aus und schaute TV. Es gab keine privaten Sender, aber das war mir egal. Es sind nur ein paar Tage und ich hatte ein Buch und meinen Laptop dabei. Das Bad war ein Gemeinschaftsbad, was ich nicht so toll fand, aber auch das geht vorbei. Ich war auch zum Glück die meiste Zeit allein in der Pension. Die Inhaber waren sehr nett und hilfsbereit. Die Stille tat mir in den ersten Tagen gut.

15.November

Ich war um 5 Uhr wach, am liebsten wäre ich direkt zu Lars, aber ich habe bis 8 Uhr gewartet. Schließlich lag Lars auch nicht allein im Zimmer. Als ich kam, war die Visite schon vorbei. Aber es ging ja noch weiter, die Schmerzschwester kam noch vorbei und der Physiotherapeut. Auch die Chefin der Anästhesie kam und stellte leider fest, dass der

Schmerzkatheter nicht mehr richtig lag und herausmusste. Das wurde auch direkt umgesetzt und die Schmerzmittel wurden angepasst. Lars fragte nach Cannabistropfen und erzählte, dass er die schon zu Hause genommen hätte und sie ihm helfen. Die Chefin ging da auch drauf ein und machte direkt ein Rezept fertig. Am Nachmittag waren die Tropfen da und Lars konnte sie zum Abendessen einnehmen. Die Schwestern auf Station kannten das bisher noch nicht. Die Chefin der Anästhesie war sehr nett, sie hat sich, genau wie die Schmerzschwester, sehr viel Zeit genommen und sich zu uns gesetzt. Sie hatte erzählt, dass einer meiner Ärzte, den sie gut kannte, sie angerufen hatte und sie somit schon wusste, dass ein ganz besonderer Patient kommt, mit einer ganz besonderen Mutter, die genau auf alles aufpasst. Eine sehr kompetente und nette Ärztin war das. Ich dankte meinem Kollegen aus meiner Klinik von Herzen. Aber ich sage ja immer, die „Betäuber" sind die besten und nettesten Ärzte. (abgesehen von *meinen* direkten ärztlichen Kollegen natürlich)

Lars musste dann auch zum Röntgen, und ich fuhr ihn im Stühlchen dorthin. Das tat ihm alles schon sehr weh. Ich durfte auch den Rollstuhl nur sehr langsam fahren, was mir schwerfiel. Danach legte er sich wieder ins Bett und war völlig fertig. Der Prof. kam dann auch noch vorbei und sagte, dass die Drainagen noch nicht rauskommen werden, da sie noch zu viel fördern und leider auch Lymphe. Das wäre manchmal so, sei nicht weiter schlimm, aber er denkt, dass Lars die Drainagen am Wochenende oder spätestens Montag loswerden würde. Wir waren schon ein bisschen enttäuscht, denn wir hatten ja gehofft, spätestens mittwochs nach Hause zu dürfen.

Zwischendurch meldete mein Vater sich noch. Er wolle jetzt gleich noch kommen. Ich sagte ihm, dass es für den Abend keinen Sinn mehr macht und er doch einfach am nächsten Tag ganz entspannt kommen solle.

Am Abend machte ich Lars noch das Abendessen und lief diesmal etwas früher, gegen 17 Uhr, zurück in mein Zimmer.

16.November

Mein Vater kam am gegen Mittag zu Besuch. Die Ablenkung tat uns gut. Ich habe dann mit meinem Vater in der Cafeteria zu Mittag gegessen, er ist danach spazieren gegangen. Ich blieb bei Lars. Am späten Nachmittag waren wir zusammen bei Lars. Er hatte starke Schmerzen und wollte nicht aufstehen. Er hatte auch Bauschmerzen, da er Verstopfung hatte von den vielen Schmerzmitteln. Am Abend bin ich dann mit meinem Vater in die Pension. Wir saßen noch eine Weile zusammen. Doch ich war schon recht erschöpft und wollte bald ins Bett. Die Tage im Krankenzimmer zu sitzen, machten müde. Diese ständige Anspannung mein Kind so zu sehen, machte mich fertig. Er war so blass und durch die Medikamente total high.

Ich bin schon recht früh am nächsten Morgen, also um acht Uhr, zu Lars gelaufen. Mein Vater kam gegen halb zehn und ist um 12 Uhr wieder nach Hause gefahren. Um 14 Uhr kamen dann Papa und Marie. Da ist Lars dann doch aufgestanden und wir haben eine Weile im Aufenthaltsraum gesessen. Aber danach war er schon ziemlich fertig und hatte wieder starke Schmerzen. Am Nachmittag machte die Schwester ihm dann einen Einlauf, damit er endlich mal abführt. Mit Erfolg. Wir sind am Abend dann Essen gegangen und mein Mann hat mich um 20 Uhr in meinem Zimmer abgesetzt. Am nächsten Morgen trafen wir uns dann wieder bei Lars. Ich war wieder um 8 Uhr morgens bei ihm. Mein Mann und Marie kamen gegen zehn Uhr. Ich bin dann mit meiner Kleinen hinaus gegangen und habe ihr mein Zimmer gezeigt und wir haben uns ein bisschen alleine unterhalten. Sie erzählte mir, wie sehr sie mich vermisst und wie schrecklich das alles für sie sei, dass sie Ihren Bruder so sieht, dass der Papa so angespannt ist und dass er deswegen keine Geduld mit ihr habe. Sie erzählte mir auch, dass in ihrer Klasse ein Mädchen behaupte, dass sie, Marie, Lügen verbreite wegen ihrem Bruder. Er sei gar nicht krank und sie wolle nur Aufmerksamkeit erregen. Der Lehrer hat wohl auch direkt darauf reagiert und mit dem Mädchen gesprochen. Dieses Mädchen sagte dann zu Marie, dass sie sich wünsche, Marie wäre krank und nicht ihr Bruder. Das belastete Marie sehr.

Ich war geschockt von so viel Dummheit und Boshaftigkeit. Am liebsten wäre ich direkt mit nach Hause und hätte dem Mädchen mal gezeigt, was Krebs bedeutet. Ich bin froh, dass sich Marie's Klassenlehrer darum gekümmert hat und ich mich in dieser Situation nicht einschalten musste.

Gegen Mittag sind mein Mann und Marie nach Hause gefahren. Als ich dem Auto hinterher winkte, musste ich ganz schrecklich weinen. Ich fühlte mich einsam wie nie zuvor. Ich fühlte mich allein gelassen und hätte am liebsten nur geschrien: Warum? Warum? Warum? Was habe ich verbrochen? Was hat mein Sohn verbrochen?

Aber ich weiß ja, dass ich so nicht denken darf. So komme ich nicht weiter. Nur dieser Moment tat so weh. Ich musste jetzt wieder zu meinem Sohn, sehen wie schlecht es ihm ging und seine Schmerzen mit ihm aushalten. Ich wischte meinen Tränen weg und atmete tief durch. Ich sagte mir: Das schaffen wir, Lars, Marie, Papa und ich.

Am Nachmittag kamen 2 Freunde von Lars aus unserem Ort ihn besuchen. Dafür quälte er sich sogar aus dem Bett. Wir gingen für zwei Stunden hinunter in die Halle und belagerten eine Sofa Garnitur. Ich holte den Jungens Getränke und wir saßen zusammen. Die beiden schenkten Lars drei Käppis und gute Laune. Er war am Abend wieder ganz gut drauf und sein Optimismus war auch wieder da. Gegen 18 Uhr lief ich wieder einmal im Dunkeln zurück in die Pension.

19.November

Wie jeden Morgen, kurz vor 8 Uhr, war ich wieder bei Lars und machte ihm das Frühstück zurecht. Danach schickte ich ihn ins Bad zum Waschen und bezog sein Bett neu. Das machte ich jeden Morgen so, eine kleine Routine, die sich bei uns einspielte. Auch wenn Lars eigentlich nie aufstehen wollte. Am Vormittag kam dann ein Arzt und teilte uns mit, dass die Drainagen immer noch nicht entfernt werden können, sie förderten noch zu viel. So ein Chylothorax (Flüssigkeit, die da nicht hingehört) ist eben nicht ohne und kann leider noch bis zu zwei Wochen abfließen. Der Schmerzdienst kam vorbei und reduzierte ein bisschen die Schmerzmittel. Wir gingen am Vormittag eine Runde spazieren, und ich bestellte mir mein Mittagessen für den nächsten Tag. Am Nachmittag waren Lars Schmerzen wieder schlimmer und ein Spaziergang war nicht möglich. Am Abend habe ich wieder in der Küche das Essen für Lars geholt und ihm zurecht gemacht. Um 5:30 Uhr lief ich wieder im Halbdunkel in mein Zimmer. Mir rannen, wie jeden Abend beim Laufen durch den Wald die Tränen übers Gesicht. Manchmal weinte ich still, manchmal weinte ich laut. Es war ja keiner da, der mich hören konnte.

20.November

Ich wollte bei der Visite dabei sein, aber leider verpasste ich sie. Naja, ich kümmerte mich, wie jeden Morgen, um Lars' Frühstück, holte die Schmerztropfen, machte die Infusion ab und spülte den Port.

Nach dem Frühstück schickte ich Lars ins Bad und machte sein Bett. Ich wusste schon, wo der Bettenwagen stand, und holte mir alles. Ich habe aber immer gefragt, ob es Ok ist, und die Kollegen und Kolleginnen freuten sich darüber. Lars hatte diesen Morgen wieder stärkere Schmerzen und wollte nicht mit mir auf den Gang, geschweige denn, in die Halle gehen. Ich konnte ihn aber später doch noch dazu bringen, wenigstens zweimal langsam mit mir über den Gang hin und her zu gehen. Der Schmerzdienst kam, und da die Schmerzen wieder schlimmer waren, teilweise kaum zu ertragen, wurde die Dosis an Schmerz-Medikamenten wieder erhöht.

Der Stationsarzt glaubte Lars nicht, weil er nicht heulend und schreiend im Bett lag, sondern sich mit dem Handy spielend, ablenkte. Er sagte, wortwörtlich: "So wie du im Bett liegst mit deinem Handy, können die Schmerzen nicht so schlimm sein!"

Ich war entsetzt. Im ersten Moment auch völlig sprachlos. An diesem Tag sahen wir keinen Arzt mehr. Ich war sauer, aber richtig sauer! Der Mann hatte einen Fehler gemacht und das würde ich so nicht stehen lassen.

Am Abend machte ich Lars wieder sein Abendessen und lief laut schluchzend im Wald zu meiner Pension und ging in mein Zimmer. Ich telefonierte mit Freundinnen und konnte so meinen Kummer loswerden. Ich wurde immer wieder aufgemuntert. Das tat gut. Ich bin froh, so viele gute Freundinnen zu haben.

21.November. 07:30 Uhr

Ich war um Punkt 7:30 Uhr bei Lars im Zimmer. Es kam die Visite. Ich platzte. „Wann kommen die Drainagen raus? Ich möchte, dass die heute entfernt werden. Heute muss was passieren, ich bin nicht bereit, das weiter zu tolerieren."

„Das entscheiden wir jetzt nicht", antwortete der eine Arzt.

Darauf sagte ich: "Doch! Das wird jetzt entschieden. Ich will ein Röntgenbild heute und die Drainagen sollen noch vor dem Mittagessen gezogen werden, denn sie haben nicht mehr viel gefördert und somit können die weg."

Sagte wieder einer der Ärzte: „Das entscheiden wir jetzt nicht, wir müssen mal sehen…."

Ich unterbrach ihn und sagte: „Doch, das wird jetzt entschieden. Ich bin nicht blöd, denn ich bin vom Fach. Sie können mit mir normal reden. Außerdem finde ich es eine Unverschämtheit, zu behaupten, dass mein Sohn keine Schmerzen hat, nur weil er im Bett mit dem Handy spielt und nicht schreiend da liegt. Die Schmerzen, die er hat, kommen von den Drainagen, und zwar von der unteren ganz besonders, und die kommt heute raus!"

Sagt wieder einer der Ärzte:" Dafür haben wir in der Morgen-Visite keine Zeit!"

Ich unterbrach ihn wieder und sagte, dass sie alle nie wirklich Zeit hätten und ich genau wüsste, dass sie alle in den OP wollen. „Aber hier muss jetzt eine Entscheidung getroffen werden", redete ich weiter. „Ich lasse mich nicht länger hinhalten. Außerdem erwarte ich eine Entschuldigung dafür, dass sie meinen Sohn als faulen Kiffer abgestempelt haben. Das ist er nämlich definitiv nicht. Er ist ein lebenslustiger, offener Mensch, der zurzeit total high von den Schmerzmitteln ist und das muss heute enden."

Die Ärzte gingen aus dem Zimmer, nur der nette arabische Arzt blieb und beruhigte mich ein bisschen. Ich musste sehr an mich halten, um nicht in Tränen auszubrechen.

Eine halbe Stunde später gingen wir zum Röntgen und um 10 Uhr kamen die zwei Thorax-Drainagen raus. Nur der Redon (dünnere Drainage die noch in der Wunde liegt) blieb noch drinnen. Lars ging es am Abend schon besser. Wir machten am Nachmittag wieder einen Spaziergang durch die Klinik.

Nach dem Abendbrotvorbereiten ging ich wieder in mein Zimmer.

22.Novmeber

Ich war wieder kurz vor halb acht bei Lars im Zimmer. Die Visite kam und sah, dass es Lars schon ein bisschen besser ging. Sie wollten den Redon aber noch nicht ziehen. Ich fragte, ob wir dann am Freitag nach Hause dürften oder ob sie uns nach Hause verlegen könnten, aber da wollten sie sich nicht so ganz drauf einlassen. Sie sagten für Samstag zu. Später kam dann der kleine Arzt, der so frech war und entschuldigte sich für sein Verhalten vom Dienstag. Er sagte, dass er für den nächsten Tag die Entlassung plane. Er gehe davon aus, dass er morgens den Redon zieht und nach dem Röntgen, wenn alles ok ist, dürften wir nach Hause.

Lars und ich waren froh, dass es endlich nach Hause ging. Wir machten wieder unsere Runde durch die Halle und überlegten, ob Lars es schaffen würde, im Taxi so lange zu sitzen oder ob wir besser einen Krankentransport nehmen. Mal waren wir uns einig, dass wir besser den Krankenwagen nehmen, mal nicht. Die Entscheidung war nicht leicht. Bisher schaffte Lars es kaum mehr als zehn Minuten auf einem Stuhl zu sitzen.

Wir waren uns aber einig, dass wir dem Papa und Marie nichts verraten würden. Es sollte eine Überraschung sein.

Am Abend bezahlte ich das Zimmer in meiner Pension und war überaus glücklich, nicht mehr länger dort bleiben zu müssen.

23.November

Kurz nach 8 Uhr ging ich am nächsten Morgen schwer bepackt zu Lars.

Um 9 Uhr wurde der Redon entfernt. Danach gingen wir zum Röntgen.

Ab da war das Warten auf den Arztbrief wie eine Ewigkeit. Es wurde kurz vor 12 Uhr, bis wir endlich gehen konnten.

Ich bedankte mich bei den Kollegen und wir gingen zum Taxi.

Wir konnten es kaum abwarten endlich wieder nach Hause zu kommen.

Um kurz nach 14 Uhr waren wir dann auch schon zu Hause, zum Glück hatten wir keinen Stau. Lars war so fertig, er musste sich erst einmal hinlegen. Die Fahrt war dann doch sehr anstrengend für Ihn.

Ich sah die Küche und die Wäsche und machte mich an die Arbeit.

Als mein Mann kam, war alles aufgeräumt. Marie war auch überglücklich, dass wir endlich wieder zu Hause waren. Es tat so gut, endlich wieder in den eigenen vier Wänden mit seinen Liebsten vereint zu sein. Mein Mann war ein bisschen enttäuscht, denn er hatte extra ein Banner besorgt, „Herzlich Willkommen" - das wollte er eigentlich aufhängen. Aber Hauptsache, wir sind wieder zu Hause.

Lars Tagebuch:

Nun, endlich zu Hause angekommen, hieß es erstmal ins Bett legen und ausruhen, wie es noch sehr oft in nächster Zeit sein sollte. Ich stellte fest, dass ich nicht mehr lang genug bequem sitzen kann, um am Schreibtisch zu zocken. Also musste ich alles umbauen. Den TV habe ich so hingestellt, dass ich im Liegen zocken konnte mit meiner ps4, die ich mir gekauft hatte. So hatte ich auch eine Beschäftigung für die nächste Zeit, die sehr eintönig war und im Prinzip nur aus meiner Freundin Celine bei mir daheim chillen, zocken und auf die Ergebnisse der Pathologie bezüglich des OP Präparates zu warten, bestand, um damit das weitere Vorgehen zu planen. Während des Wartens bekam ich eine weitere Chemo.

Ab 26.November

Ich bin wieder arbeiten gegangen und Lars hat sich in der UCT-Ambulanz gemeldet und für Ende der Woche einen Termin bekommen.

Ich musste mich nun ein bisschen mehr um meine Kleine kümmern. Sie hatte auch so Schwierigkeiten mit ihrem Daumen. Ich machte einen Termin beim Orthopäden mal wieder, denn der Daumen hätte ja schon längst besser sein müssen.

Im Laufe der nächsten Tage bekam sie ein MRT, bei dem zu sehen war, dass der Daumen einen Sehnenanriss hatte und deshalb immer noch weh tat. Sie bekam über Weihnachten für drei Wochen einen festen Verband.

Außerdem hatte ich einen Termin bei der Psychoonkologin für Marie gemacht. Sie holte mich dann zu dem Gespräch und sagte, dass Marie etwas mehr Hilfe benötigt als sie ihr geben kann. Da saß meine Kleine mit Tränen in den Augen, für sie war das auch alles sehr viel. Ich denke, sie hat erst durch die große Operation von Lars gemerkt, wie schlimm die Situation wirklich ist. Sie hat da gesehen wie schlecht es Lars geht und das hat sie umgehauen. Ich rief dann am gleichen Tag noch bei der Kinderpsychologin an und bekam noch vor Weihnachten einen Termin für Marie. Wir sind da zusammen hin und weitere fünf Termine hat sie dann allein gemeistert. Das tat ihr sehr gut und hat geholfen. Es gibt schon schlimme Menschen. Ich frage mich, was einen jungen Menschen treibt, so böse zu sein. Zum Glück haben fast alle aus der Klasse zu Marie gestanden und viele haben dann auch Abstand genommen von diesem Mädchen. Ich habe auch noch eine Mail an alle Eltern geschrieben und darum gebeten, dass Marie unterstützt und nicht fertig gemacht wird. Von ein paar Eltern bekam ich da sehr nette Mails zurück. Wir hatten auch noch einen Termin mit dem Papa bei der Psychologin, das tat uns allen ganz gut.

Lars hatte ab dem 07.12. eine Chemo für drei Tage. Jetzt kam die etwas niedrigere Dosis an Chemo.

Eigentlich wollten sie schon eine Woche früher damit anfangen, aber da war Lars noch zu schwach. Er hatte auch das Gefühl, keine Luft zu bekommen und war beim Pulmologen. Seine Lunge war noch nicht wieder fit, er hatte nur noch die Hälfte seines Volumens und dies sollte er mit Atemgymnastik wieder aufbauen. Wir fanden auch eine Physiotherapeutin bei uns um die Ecke.

Nun warteten wir auf den Pathologie-Befund aus der Pathologie, die wieder in einer anderen Stadt war. Einen Teil des Pathologie-Befundes, den ich per Post bekommen hatte, legte ich an dem Chemo-Wochenende den Ärzten vor. Außerdem faxte ich den Befund an die UCT-Ambulanz. Dr. Best hatte ihn auch erhalten, aber irgendwo liegen lassen.

Ich fragte regelmäßig in der Pathologie nach den Befunden. Es war so wichtig, endlich diese Befunde zu bekommen, denn damit musste entschieden werden, ob Lars eine Hochdosis Chemo bekommt oder auch Bestrahlung sein muss.

Nein, sie haben sich nicht gemeldet.

Kurz vor Weihnachten schrieb mir unser Arzt, dass die Ärzte aus der Spezialklinik die Pathologie-Befunde brauchen, um eine Entscheidung zu treffen. Der Arzt konnte die Befunde nicht mehr finden. Ich war auf der Arbeit und fragte mich, wie ich die jetzt hier herbekommen sollte. Schließlich hatte ich diese Befunde daheim. Ich rief meinen Mann an, der zum Glück zu Hause war, aber in einer Konferenz saß.

Lars suchte die Unterlagen aus seinem Ordner heraus und mein Mann scannte sie ein, um sie mir per Mail zukommen zulassen und ich sah, dass es nur die Hälfte der Befunde war. Also wieder angerufen und Lars schaute nochmal genauer hin, mein Mann scannte das auch noch ein, während seiner Konferenz. Ich schickte sie weiter. Wahrscheinlich wurde das alles zeitlich zu knapp, denn die Tumorboard-Konferenz in der Spezialklinik war ja vormittags. Ich denke, dass unsere Mail zu spät ankam. Jedenfalls hörten wir vor Weihnachten nichts mehr.

Einer unserer Ärzte sagte, dass Lars vor Silvester die nächste Chemo bekommen solle, ein anderer sagte nein, er solle vorbereitet werden auf die Hochdosis Chemo mit Stammzellentransplantation. Ein Hin und ein Her, wir wussten nicht so recht was richtig ist. Lars sollte dann doch die Chemo nicht vor Silvester bekommen.

Lars Tagebuch:

7. Zyklus/ 1. VAI-Chemo???

Diese Chemo sollte um einiges leichter sein und sie lief auch einen Tag kürzer und tatsächlich blieben mir alle Nebenwirkungen, außer dem Geschmacksproblem, erspart.

Das Ergebnis aus der Klinik kam - alles Tumor-Zellen frei! Endlich konnten wir aufatmen und an das langsam immer greifbarer werdende Ziel denken und den restlichen Weg planen. Die Ärzte stellten schnell einen Plan auf: Hochdosis Chemo und dann fertig. Damit konnte ich mich anfreunden, aber wir wollten weiter auf die Meinung des Ewing-Centers warten. Dieses bekam es aber vor Weihnachten nicht mehr hin. So wurde es 2019 und wir wussten immer noch nicht sicher, wie es weiter geht und langsam wurde man anscheinend nervös. Ein Arzt wollte nun noch eine VAI-Chemo zum Übergang geben, dies wurde dann aber wieder verworfen und weiter an dem Plan der Hochdosis Chemo festgehalten. Und dann am 07.01.19, am Geburtstag von Marie, kam eine Mail vom Ewing-Center, in dieser stand, dass es jetzt Bestrahlung geben solle. Jetzt war endgültig der Punkt überschritten, bis zu dem ich geduldig war, denn es wurde aus logischen und belegbaren Gründen entschieden, dass es keine Bestrahlung geben kann und dann schreibt diese Frau Prof. ..., dass es Bestrahlung geben soll, aber erklärt dies nicht einmal. Da hätte ich echt total ausrasten können. Und jetzt heißt es bis Mittwoch warten, bis eine Entscheidung steht.

02.Januar 2019

In der ersten Januarwoche wurde dann in der Tumorboard-Konferenz beschlossen, dass Lars die Hochdosis bekommt. Keine Bestrahlung. Mit der Hochdosis wäre er dann Mitte Februar fertig, dann Reha und noch ein bisschen schonen. Ggf. könnte er dann im Mai schon wieder so fit sein, dass er arbeiten gehen kann. Darüber freute Lars sich, endlich ist ein Ende abzusehen. Er fing an, seine Genesungsparty für den Mai zu planen. Vielleicht mit einer Challenge? Das war so eine Idee, aber wir wussten nicht so recht, wie wir das umsetzten sollten. Irgendwas Verrücktes wollten wir machen.

Ich rief in der Woche der Vorbereitungen für die Hochdosis in Hamburg an und fragte, ob die wirklich wollen, dass es eine Hochdosis geben soll. Die betreffende Ärztin war nicht erreichbar. Sie war in Urlaub und würde sich frühestens bei uns am 9.1. melden.

Ich hatte wahnsinnige Angst vor der Hochdosis. 5-10% Todesfall-Quote. Das ist schon viel. Aber die Vorbereitungen liefen. Es wurde Blut abgenommen, um zu schauen, ob auch wirklich alle Zellen gut sind, es waren 15 Röhrchen, die zur Testung geschickt wurden. Außerdem Herzschall und EKG und nochmal ein CT und ein MRT.

07.Januar

An Marie's Geburtstag und hatte ich Urlaub genommen und hab' sie von der Schule abgeholt. Mein Mann war beruflich in den USA.

Zuhause kam ein Anruf, dass Lars nun doch keine Hochdosis Chemo, sondern doch Bestrahlung bekommen sollte und acht VAI-Chemos. Wir waren sprachlos.

Ich erzähle es Lars, der konnte es kaum fassen. Schon wieder eine Änderung, er hatte sich gerade damit auseinandergesetzt, die Hochdosis zu machen und nun doch Bestrahlung und Chemo. Wir haben direkt gerechnet, ob wir bis zum Sommer-Urlaub fertig sein würden. Lars war sehr enttäuscht. Er hatte so sehr gehofft, dass er im Juni noch arbeiten gehen kann. Nun war klar, es wird August.

Es ging dann auch am Ende der Woche direkt los mit der zweiten VAI.

12.Januar

Lars war übers Wochenende zur Chemo in der Klinik. Marie hatte zum Geburtstag am Samstag die Familie zum Feiern eingeladen. Ein bisschen Normalität musste sein.

Sonntags kam Lars wieder nach Hause. Er legte sich direkt in sein Bett und wollte nichts hören und sehen. Er hatte auch wieder seine Spritze vergessen, die er immer ein paar Tage nach der Chemo bekommt, damit die Blutwerte nicht ganz so schlimm abstürzen. Ich holte sie mal wieder montags in meiner Mittagspause auf der Station ab.

Nach der zweiten VAI ging es Lars nur die ersten beiden Tage nicht so gut. Er hatte ein bisschen Bauchweh und keinen Appetit. Leider auch wieder mehr Rückenschmerzen.

Februar 2019

Marie sollte den Daumen operiert bekommen. Ich war mit ihr zum Vorgespräch bei einem Prof., den ich von der Klinik kannte, der aber inzwischen in einer anderen Klinik arbeitete. Die Woche drauf wurde dann der OP-Termin ausgemacht. Mein Mann fuhr mit Marie zur Operation, da ich schon so viele

Ausfälle in der Klinik hatte. Mein Mann war im Homeoffice, so konnte er das zeitlich hinbekommen. Lars ist auch mit seiner Schwester mitgefahren. Er war kurz vor der nächsten Chemo. Die OP ist gut gelaufen. Marie konnte den Daumen am Abend schon gut bewegen. Nach einer Woche kamen die Fäden heraus und sie konnte auch schon wieder Klavier spielen.

Marie war sauer auf mich, weil ich nicht mit zur Operation gegangen war. Sie ist deswegen heute noch sauer. Ich hoffe, sie versteht irgendwann, warum das so war. Außerdem war Papa da.

Gott sei Dank, gab es auch ein paar schöne Termine für mich. Ich war mit meinen Frauen des Ehrenamtes Essen. Ich hatte außerdem ein Klassentreffen von meiner alten Schulzeit aus den 80ern. Es fand auch noch ein Elternabend der Konfirmationsgruppe statt. Dort planten wir einen Gottesdienst für unsere Kinder selbst zu gestalten. Ich war mit Freundinnen unterwegs und eine Freundin hatte einen Auftritt auf der Fastnachtsbühne, da war ich natürlich dabei und filmte. Natürlich alles an einem Wochenende, wo Lars Chemo hatte. An diesem Wochenende war Lars' Papa viel bei ihm in der Klinik und passte gut auf, damit auch alles richtig lief und ich mal meinen Sachen nachgehen konnte ohne schlechtes Gewissen.

Marie hatte Ihre Konfi-Tage und kam sehr glücklich nach Hause. Sie hat in den letzten Monaten viel mitgemacht und ist dadurch schnell reifer geworden.

Ich war mit meinem Mann am darauffolgenden Wochenende auch noch auf einer Fastnachtssitzung, denn solche Abende brauche ich, um das alles durchzustehen. Ablenkung ist wichtig.

14.Februar

Lars bekam ein Vermessungs-CT für die Bestrahlung. Dabei wurde er auf eine Vakuummatratze gelegt und die wurde dann speziell nur für ihn angepasst. Er musste für jede Bestrahlung in genau dieser Stellung liegen. Das dauerte recht lange, und er hatte danach große Schmerzen.

Lars bekam von der Chemo extrem starke Durchfälle, die irgendwie die Klobrille verätzt haben. Ich habe mehrmals am Tag das WC geputzt und das Zeug kaum abbekommen. Das war schon extrem. Seine Durchfälle gingen über Tage, ich kam mit dem Putzen kaum nach. Es stank auch so schrecklich.

März 2019

Bei der dritten VAI hatte ich gesagt, dass Lars wieder Ernährung bekommen soll, denn er hatte bei der letzten VAI vier Kilo abgenommen. Die Ärzte haben das angenommen. Auf Station sind jetzt zwei Ärzte, die ich kenne. Den einen kenne ich ein bisschen besser und vertraue ihm. Dr. M. Ist für mich einer der besten Ärzte und er hatte auch direkt einen guten Draht zu Lars. Die beiden haben viele Gespräche zusammen und das half Lars sehr. Ich merkte direkt, dass er da in guten Händen ist.

In der UCT-Ambulanz habe ich mit Dr. Best gesprochen und er hat uns gesagt, dass wir auch für zu Hause Ernährung bestellen können, die Lars dann mit einen Infusomat (Pumpe um Infusionen auf Zeit laufen zu lassen zu können) bekommen kann. Ich habe das alles angeleiert mit Hilfe von unseres Arztes Dr. Best. Lars hatte auch mit dem Pfleger gesprochen, der uns die Ernährung liefert. Als Lars zur Chemo musste, kam der

Pfleger, der uns auch die Medikamente und Ernährungspumpe nach Hause brachte und mir versichert hat, dass er gut die Portnadel stechen kann. Er hat es nicht geschafft, den Port anzustechen. Danach kam er zu mir nach Hause und hat erklärt, wie ich was zu tun habe mit der Ernährung. Er hat mir eine Pumpeneinweisung gegeben von dem Infusomat über den die Ernährung in einer bestimmten Geschwindigkeit einlaufen soll und mir gesagt, was alles geliefert wird.

Am nächsten Tag kam die Lieferung und Lars wurde aus der Klinik entlassen.

Am Abend habe ich ihn dann an die Ernährung angeschlossen, die bis 6 Uhr morgens lief. Ich hatte mir das extra so eingestellt, damit ich das vor meiner Arbeit noch abmachen kann.

Lars ging es die ersten Tage immer nicht so gut, er war sehr müde, hatte starke Rückenschmerzen und einfach keinen Appetit. Er war auch lustlos und schlecht gelaunt. Das ging meistens so für drei Tage. Dann kamen die Lebensgeister wieder zurück. Ich habe dann, wie nach jeder Chemo, zu Hause Blut abgenommen. Die Röhrchen habe ich mit auf die Arbeit genommen und über die UCT ins Labor geschickt. Die Werte waren schlecht. Der HB-Wert im Keller, also wieder Blutkonserven. Aber erst einmal noch zwei Tage warten, sagten mir die Ärzte, um dann zu sehen, dass die Blutwerte noch schlechter waren.

Die Ärzte sagen, es könnte ja sein, dass ein Stern vom Himmel fällt und die Blutwerte sich von allein stabilisieren. Aber dem war nicht so. (Ein bisschen Sarkasmus muss manchmal sein)

Ich sah das schon immer bei Lars im Gesicht, wenn die Lippen die gleiche Farbe hatten wie das Gesicht, wusste ich, dass er Blut brauchte. Wenn das Blut sehr dünnflüssig und hell war, dann brauchte er auch Thrombozyten-Konzentrat. Erfahrung und Beobachtungsgabe helfen da sehr. Nutzt nur nichts, wenn man kein Arzt ist und die Entscheidung nicht treffen darf, das alles zu beschleunigen.

Mit Konserven gefüllt konnte er dann in die Bestrahlung gehen. Von Montag bis Freitag hatte er jeden Mittag Bestrahlung. Das dauerte immer ca. 10 Minuten mit Vorbereitung. Einmal hatte ich frei und konnte mitgehen. Zufällig kannte ich die Kollegin, die Dienst hatte und durfte mit reingehen. Sie hat mir alles erklärt, es sah alles so futuristisch aus. Ich fand das sehr interessant. Lars lag da in einer für ihn unbequemen Lage. Ich stand draußen und auf dem Bildschirm konnten wir ihn sehen und auf einem anderen Bildschirm konnten wir sehen, wie die Strahlen „angriffen". Also es ging von oben nach unten „ Zack…Zack….Zack, Brr….Brrr….Brrrr." In diesen Momenten, wenn ich meinen Sohn da liegen sah, musste ich mich immer beherrschen, um nicht in Tränen auszubrechen. Was der alles mitgemacht hat und noch mitmachen muss.

Am Ende der zweiten Woche bekam Lars einen trockenen Husten und war sehr müde und schlapp. Er bekam noch einmal ein Gespräch mit der Radioonkologin, aber das waren ganz klar die Nebenwirkungen. Dieser Husten hielt für 6 Wochen an.

Die dritte und vierte Chemo, also die vor der Bestrahlung und die nach der Bestrahlung, war nur 2er Chemo, keine 3er. Es wurde nur das „A" weggelassen, das verträgt sich wohl nicht mit der Bestrahlung.

Kurze Erklärung: Jede Chemo hat einen Namen, dieser Name ist sehr kompliziert, deshalb wird für jede Chemo nur der Anfangsbuchstabe genommen. Wenn also jemand zwei verschiedene Chemos bekommt, sind das zwei große Buchstaben, wenn er drei Chemos bekommt, sind es drei usw. Lars hatte eine dreifache Chemo, „VAI" und vor und nach der Bestrahlung nur eine „VI". Vor der OP hatte er eine vierfache Chemo, das war eine „VIDE".

Ich möchte hier nochmal erwähnen, dass die Radioonkologen, egal wer, alle superlieb und gesprächsbereit waren. Wir haben da in der Klinik tolle Menschen, die hier sehr gute Arbeit leisten.

Ein paar Tage später ging die Chemo weiter. Nach der Chemo war Lars dann wieder total k.o. Er hatte Rückenschmerzen und keinen Appetit. Die Ernährung lief jeden Abend immer vier Tage lang nach der Chemo.

Zwischendurch hatten wir auch Probleme mit der Physiotherapie. Leider war die Praxis plötzlich geschlossen und man konnte niemanden mehr erreichen. Nun mussten wir uns eine neue suchen. Da fiel dann erstmal eine Woche die Physio-Therapie aus, was für Lars gar nicht gut war. Die Rückenschmerzen wurden wieder schlimmer. In unserem Ort hatte keine Praxis mehr Kapazitäten. Also mussten wir in die Stadt. Mir fiel eine alte Bekannte ein. Ich rief sie an und Lars konnte direkt am nächsten Tag dort hingehen. Er war da sehr zufrieden. Er hat nicht immer die gleiche Therapeutin oder Therapeut, aber er bekommt seine drei Termine in der Woche. Eigentlich ist es schön, immer mal eine andere Therapeutin zu haben, denn jeder macht es ein kleines bisschen anders und das findet Lars gut.

In meinem Dienst hatte ich dann auch ziemlichen Stress mit meinen jüngeren Kolleginnen. Ich bin so enttäuscht von ihrem Verhalten. Von ihrem nicht vorhandenen Mitgefühl, von ihrem Unwissen und davon, dass sie alle nichts dazulernen wollen. Besonders enttäuscht bin ich von meiner langjährigen Kollegin, mit der ich alles zusammen erarbeitet habe. Wir haben zusammen alles so gut hinbekommen, kaum hat sie ihre beste Freundin bei uns untergebracht, kippte die Stimmung. Klar hatte ich wohl während Lars Krankheit nicht immer ein offenes Ohr für so manches, aber das ist kein Grund, meine Situation auszunutzen. Doch diese beste Freundin kommt zu uns und möchte sofort einiges ändern. Natürlich gab es etwas, das geändert werden konnte, da habe ich auch am Anfang meistens zugestimmt, schon allein deshalb, weil ich zu diesem Zeitpunkt keinen Kopf dafür hatte. Als ich einmal mit einer Änderung nicht einverstanden war, war die Kollegin pikiert und die Stimmung im Team wurde schlechter. Nachdem diese jungen Kolleginnen sich zusammengetan haben und ihr eigenes Ding machten, habe ich mir Hilfe gesucht bei meiner Vorgesetzten. Es hat mal sehr viel Spaß gemacht zu arbeiten, jetzt muss ich immer Angst haben, dass die Kolleginnen sich etwas Neues ausgedacht haben und alles auf den Kopf stellen. Es fiel mir in der aktuellen Situation sehr schwer, mich auf Veränderungen einzustellen. Ich hatte Angst das sie wieder etwas geändert, haben, ohne mich einzuweihen. Sie hatten zwischendurch Sachen von mir weggeräumt, ohne mich zu informieren, das hatte mich sehr traurig gemacht. Ich musste extra Nachfragen, wo meine Sachen sind und erst nach dreimaliger Nachfrage hatte ich meine Sachen zurückbekommen. Das waren Geschenke von Kollegen, die mir Kraft geben sollten. Nur drei Kleinigkeiten. Warum gehen die so mit mir um? Was habe ich verbrochen? Ich muss noch einige Jahre arbeiten und habe keine Lust, den Arbeitsplatz zu wechseln. Ich liebe meine Arbeit und ich glaube, ich bin gut darin. Ich werde wohl noch ein bisschen durchhalten müssen.

April 2019

Nach der vierten und der fünften Chemo „VAI" gab es wieder Blutkonserven. Lars wollte nach der fünften „VAI" am liebsten aufhören. Ich sprach mit dem Dr. Rund und teilte ihm mit, dass Lars keine Kraft mehr hat. Der lächelte nur und antwortete, dass Lars sehr stark sei und ich mir keine Sorgen machen müsste. Lars sollte aber in jedem Fall sechs Chemos mit „VAI" machen. Acht sei die Regel aber sechs das Minimum. Ich machte für Lars bei jedem Chemozyklus einen Termin mit der Psychoonkologin für ihn aus. Das tat ihm gut.

Für Lars war nun klar, er macht nur noch den sechsten Zyklus, dann ist für ihn Schluss. Er hat keine Kraft mehr, körperlich und psychisch. Zwischen der vierten und fünften VAI waren wir in der Klinik, weil Lars so schlecht Luft bekam. Vielleicht eine Lungenembolie? Ab in die Notaufnahme. Wir haben da den ganzen Tag verbracht. Zum Glück war eine Freundin im Dienst, die uns geholfen hat, dass alles flott über die Bühne ging. Auch eine nette Ärztin, die ich aus meiner Abteilung kenne, war da und hat uns geholfen. Lars wurde geröntgt, und bekam ein CT, mal wieder, damit konnte eine Lungenembolie ausgeschlossen werden. Wir durften wieder heim, obwohl sie Lars gerne dabehalten hätten. Aber er wollte dann wieder nach Hause und bloß keine Minute länger in der Klinik bleiben.

Nach der letzten Chemo bekam Lars Fieber. Direkt am nächsten Morgen um 5 Uhr hatte er schon 38,5 Grad Fieber. Wir sind direkt in die Notaufnahme. Ich rief vorher auf Station an, dass die schon mal mit ihm planen konnten. Lars lag dann lange in einer völlig überfüllten Notaufnahme. Die Kollegen dort hatten kaum Zeit sich zu kümmern. Ich blieb bei ihm, obwohl ich eigentlich hätte arbeiten müssen.

Meine Chefin kam um kurz nach 8 Uhr vorbei und hat nach uns geschaut. Sie hat mir Mut gemacht, dass ich mehr Druck machen muss, oben auf Station. Ich sollte persönlich hingehen und nicht nur anrufen. Das habe ich gemacht und hatte das Bett für Lars organisiert, welches er sofort belegen konnte, nachdem ich ihn selbst hochgefahren habe. Danach bin ich arbeiten gegangen. Am Nachmittag kam heraus, dass er bestimmte „Kokken" im Port hatte. Er bekam fünf Tage Antibiose über die Vene und der Port wurde stillgelegt. Für Lars war nun definitiv klar, dass er keine weiteren Chemos mehr machen würde. Außerdem kam noch hinzu, dass seine Schilddrüse nicht mehr so gut funktionierte. Er hatte eine „latente Hypothyreose" (Schilddrüsenüberfunktion) vom vielen Kontrastmittel. Für das nächste CT musste er Tropfen nehmen, die die Schilddrüse schützen.

Natürlich wurde es mir angelastet, ich hätte unsauber gearbeitet beim Anhängen der Ernährung, dadurch die „Kokken" im Port. War klar, ist ja das Einfachste. Ich bin der Depp. Allerdings kann ich das von mir weisen. Ich habe sauber gearbeitet, das weiß ich und das ist das Wichtigste. Dass er aber schon gleich Fieber hatte und es ihm nicht gut ging, noch bevor ich ihm Infusionen am Port angehängt hatte, wurde natürlich nicht berücksichtigt. Lars ging es schon sehr schlecht als er nach der Chemo heimkam. Er sagte mir sofort, dass er sich dieses Mal richtig schlecht fühle. Aber war ja klar, dass ich den schwarzen Peter bekomme. Ist mir aber zu blöd darüber jetzt zu diskutieren.

Nach diesem Aufenthalt von sechs Tagen hat Lars am Abend seinen Whiskey, den er für das Ende der Therapie gekauft hatte, rausgeholt und wir haben zu viert angestoßen. Meine Kleine mit Wasser.

Am nächsten Tag haben wir gegrillt, Lars hat sich bei uns bedankt für die Hilfe und Unterstützung, dass ich immer an seiner Seite gewacht habe und wir immer für ihn da waren und für alles bezahlt haben. Die Rezepte, Zuzahlungen, Taxis, Hotels, usw. usw., das hat uns alles zusammen so viel wie ein Mittelklassewagen gekostet. Als wir über die schlimmsten Momente sprachen, was natürlich die Operation in der Spezialklinik war, liefen mir die Tränen. Ich konnte gar nichts sagen, ich war zu ergriffen. Es fällt mir heute noch schwer über so manche Ereignisse zu sprechen. Besonders die Momente, bei denen die Ängste und Gefühle mich immer mal wieder überwältigen.

Mai 2019

Nun kamen die Nachsorgetermine und die Reha.

Ende April war Lars bei der Sozialarbeiterin wegen der Reha. Ich habe ihn hinterher gefragt, ob sie alles ausfüllen konnten, wegen dem Arbeitgeber usw. Er sagte nein, so etwas hätte er nicht mit ihr gemacht, sie haben nur kurz besprochen, dass er eine ambulante Reha will. Mitte Mai kam dann das Schreiben von der Rentenversicherung, dass sie einige Auskünfte bräuchten, bevor sie überhaupt irgendetwas tun. Da frage ich mich natürlich, was hat die Sozialarbeiterin gemacht? So etwas kann ich nicht nachvollziehen. Sie macht das doch täglich, sie muss doch wissen, was man alles braucht, um eine Reha zu beantragen. Nichts hat sie gemacht, außer die Rentenversicherung informiert, dass hier jemand ist, der eine Reha möchte. Das hätte ich auch selbst machen können. Habe ich dann auch. Ich habe alles ausgefüllt und bin auf Station zu Lars' Arzt gegangen und habe ihn unterschreiben lassen. Lars hat auch unterschrieben, dann noch den letzten Arztbrief dazu und alles gefaxt.

Eine Woche später war die Reha genehmigt, nur leider eben stationär, außerdem in einer Klinik, in der eher ältere Menschen sind. Nun musste Lars da wieder anrufen und sagen, dass er doch gerne eine ambulante Reha möchte, oder mindestens in einer Klinik, in der mehr junge Menschen sind. Wir wollten in den Urlaub und Lars wollte endlich arbeiten gehen. Also mussten wir uns selbst um einen Platz bemühen. Das ist ziemlich anstrengend neben einem Vollzeitjob.

Lars hatte die ersten Nachsorgetermine, mit CT und MRT. Dabei kam heraus, dass Lars eine Eisenablagerung in Leber und Milz hatte. Außerdem war zu sehen, dass er eine Rippe gebrochen hatte, es sei ein frischer Bruch. Im ersten Moment dachte ich, was ist nun schon wieder los? Ich ging erst einmal ganz in Ruhe alle Befunde durch. Dann konnte ich mich erinnern, dass schon mal in einem Befund vom März dieses Jahres stand, dass er eine Fraktur (Fraktur=gebrochen) der fünften Rippe hatte. Ich schrieb eine Mail an Dr. Best, welche er mir ganz ausführlich beantwortete. Er teilte mir mit, dass alles nicht so schlimm sei. Die Eisenablagerungen sind erst bei einem Ferritin Wert über 1000 im Blut, schlecht und die Rippe ist auch nicht wirklich schlimm. Nun konnte ich auch wieder ruhig schlafen. Lars' Ferritin war bei 588. Ich hatte es direkt getestet als ich las, dass er Eisenablagerungen hatte. Diese Ablagerungen kamen durch die vielen Blutkonserven. Jedes Mal, wenn nach der Chemo der „HB" sank, sank auch automatisch der Eisengehalt. Daraufhin produziert der Darm ganz schnell viel Eisen. Damit steigt aber nicht der HB-Wert und es muss Blut gegeben werden. Mit der Blutkonserve kommt auch Eisen. Nun hat der Körper zu viel an Eisen. Das kann der Darm nicht verarbeiten und schickt das überschüssige Eisen in die Leber und in die Milz. Deshalb die Ablagerungen, die man im MRT sehr gut sehen kann.

Lars muss jetzt für zwei Jahre alle zwei Monate ein CT und MRT bekommen.

30.Juni

Wir flogen zu viert nach Kreta und hatten einen schönen Urlaub. Lars hat wieder zugenommen, wir konnten uns alle ein bisschen ausruhen und sammeln.

Nach dem Urlaub gab es eine großartige Nachricht, Lars CT und MRT fielen gut aus.

28.September

Lars wird 20 Jahre alt. Mensch, wie schnell die Zeit vergeht.

1.Oktober

Lars hatte am 1.10. wieder eine Nachsorge. Das CT war gut, das MRT nicht. Ich habe den Befund immer wieder gelesen. Mein ärztlicher Kollege riet mir, ich solle mir die Befunde vor dem Arztgespräch nicht anschauen. Ich entgegnete einfach, „was würdest du tun, wenn das dein Kind wäre?" Er gab mir recht und meinte, er würde auch nachschauen. Ich habe direkt an Dr. Best geschrieben und auf eine Antwort gewartet. Gegen 14 Uhr rief ich in der UCT-Ambulanz an und fragte, wo Dr. Best sei, und bat um Rückruf. Ich saß gerade im Bus als Dr. Best zurückrief und mir mitteilte, dass dieser Fleck von 9 mm in der Leber nicht gut aussähe. Es sei eher unwahrscheinlich, dass es eine Zyste ist. Man könne jetzt eine Punktion machen, oder gleich eine OP. Vielleicht auch gleich Chemo und Bestrahlung. Vielleicht reiche aber auch eine Bestrahlung aus. Ich konnte mich nur schwer konzentrieren. Ich konnte mich im Bus kaum zusammenreißen. Wir telefonierten bestimmt eine halbe Stunde. Hin und her. Ich fragte ihn, was der Punkt auf dem Knochen ist, darauf wollte er nicht wirklich eingehen. Ich wusste genau, dass dieser Punkt auf dem Knochen wesentlich schlimmer sein würde als der Punkt in der Leber. Ich wollte erst mal nicht glauben, dass der Punkt in der Leber etwas bedeutet. Das ist eine Zyste sagte ich mir, ganz bestimmt. Insgeheim war mir klar, dass es eine Metastase ist. Aber der Punkt auf dem Knochen machte mir größere Sorgen.

Ganz komisch fand ich, dass ich es diesmal nicht gefühlt habe. Ich habe nichts geträumt. Ich habe nichts Negatives gefühlt. Letztes Jahr, als Lars krank wurde, habe ich vorher mehrmals den gleichen Traum gehabt. Lars fällt einen Abgrund hinunter und ich versuche ihn zu halten. Davon bin ich immer wach geworden und hatte große Angst um Lars. Dieses Mal gab es da nichts, also kann da auch gar nichts sein.

Ich kam nach Hause und bin erst einmal meinem Mann weinend in die Arme gefallen. Ich erzählte ihm dann alles genau. Er war auch sehr schockiert und sagte, wir müssen erst einmal darauf hoffen, dass es eine Zyste ist. Ich habe Lars am Telefon schon ein bisschen informiert und habe seine Freundin gebeten, zu kommen. Als Lars dann nach Hause kam, war er auch fassungslos, aber er sagte, dass ihm egal sei, was es ist und er das auch noch schaffen würde. Er war so tapfer und so positiv, das machte mich stolz. Ich könnte schon wieder heulen, weil mein Sohn so stark und mutig ist. Ich habe so große Angst, dass er wieder Krebs hat und dass es dieses Mal noch schlimmer wird.

Ich habe mit Marie gesprochen, da sie sehr viel weinte. Sie kann es kaum fassen und fragte, wann das endlich aufhört und was denn jetzt noch alles passieren muss. Marie war sehr traurig, es hat sie alles wirklich sehr mitgenommen. Ich nahm sie in den Arm und tröstete sie, indem ich hoffnungsvoll sagte, dass vielleicht alles gar nicht so schlimm wird und dass immer noch die Hoffnung bestehe, dass es nur eine Zyste ist.

Ich habe meine Mutter angerufen, auch sie konnte es kaum fassen. Trotzdem blieb uns nur eins übrig, abwarten, bis es die Befunde gibt.

Dr. Best hat Lars auch noch angerufen und ihm alles erklärt, vielleicht nicht ganz so genau wie mir, aber wohl so, dass Lars verstanden hatte, dass es ernst war. Er hatte für Lars ein CT angemeldet. Ich habe am Freitag im System gesehen, dass er schon am Montag einen Termin dafür hat. Wir mussten wieder warten. Mittwoch darauf war dann Tumorboard Konferenz und

Freitag ein Gespräch. Falls eine Biopsie gemacht wird, dauert das ja auch wieder mindestens zehn Tage, bis es einen Befund gibt. Nun heißt es Geduld haben, ablenken und warten.

9.Oktober

Dr. Best rief mich an. Im Tumorboard haben sie sich darauf geeinigt, dass es wohl der Ewing in der Leber ist. Das hieß, OP und Chemo. Falls etwas im Knochen ist, bedeutete das auch noch Bestrahlung. Er schlug mir vor, ein PET-CT (dort werden mit Glucose-Spritzen Tumorzellen sichtbar, sofern sie darauf ansprechen) machen zu lassen, damit wir sehen konnten, ob noch irgendwo im Körper Tumore sind, die wir noch nicht gesehen haben. Denn Tumorzellen leuchten von dem „Radiozuckerzeug", das dem Patienten gespritzt wird. Ich stimmte zu. Als der Anruf kam, war ich gerade in der Stadt unterwegs ein paar Dinge besorgen, außerdem war ich auf dem Weg zu meiner Physiotherapeutin, da ich so schlimme Rückenschmerzen hatte. Als meine Physiotherapeutin mich fragte, wie es mir ginge, fing ich an zu weinen. Sie war verständlicherweise etwas überfordert mit der Situation. Was sollte sie sagen? Es gab keine Worte, die mir in dieser Situation halfen. Sie hat mich dann 20 Minuten massiert, und das tat gut. Dabei konnte ich mich auch wieder ein bisschen beruhigen. Zuhause erzählte ich Marie, wie ich es ihr versprochen hatte, was der Arzt gesagt hatte. Sie weinte und war auch sehr schockiert.

Am Donnerstag ging ich arbeiten und klärte das mit dem PET-CT. Lars sollte am Montag einen Termin dafür bekommen. Dazu musste er aber eine Nacht in der Klinik bleiben und so brauchte er ein Bett. Das organisierte ich. Außerdem organisierte ich für Lars einen Termin in der Leber-Ambulanz, da kannte ich jemanden. So haben wir schon am Dienstag einen Termin bekommen.

11.Oktober

Um 8 Uhr hatten wir ein Gespräch mit Dr. Best, das über eine Stunde dauerte. Der Arzt war ziemlich davon überzeugt, dass der Ewing wieder da ist. Er informierte uns, dass es 3 Punkte in der Leber gäbe und dass am Beckenknochen wohl auch etwas ist. Das am Knochen sei aber nicht ganz klar, deshalb hat er ein PET-CT angeordnet, wie er mir am Telefon ja schon sagte. Er erklärte uns das weitere Vorgehen. Nach der OP mussten wir noch auf den Histologie-Befund warten und starteten dann mit der Chemo. Lars brauchte einen neuen Port, der alte musste raus. Es würden acht bis zwölf Chemozyklen werden, jede dauerte zwei Wochen. Er musste dann täglich kommen und bekam eine Infusion Chemo. Nach den zwei Wochen ist eine Woche Pause, danach wieder zwei Wochen Chemo. Zwischendurch Laborkontrollen und CT-Kontrollen.

Prognose gab der Arzt keine ab. Er erzählt uns nur von einem Patienten, der seit 2015, also seit vier Jahren immer wieder Chemo bekomme, weil immer wieder neue Tumore im Körper auftauchten. Das war für mich nicht hilfreich. Zumal er uns das schon mal erzählt hatte. Die Prognose, wenn es im Knochen ist, kannte ich, die wollte ich auch gar nicht weiter besprechen. Lars' Freundin war bei dem Gespräch dabei, sie fragte, wie das Leben aussähe während der Chemo, Ausgehen, Freunde treffen, arbeiten, Schule. Es könne sogar sein, sagte Dr. Best, dass Lars arbeiten, gehen könne, aber etwas eingeschränkt. Lars solle noch in der Kinderklink vorbei gehen wegen der Studie über das Ewing-Sarkom. Dr. Best hatte dort angerufen und einen Termin für Dienstag ausgemacht.

Das Wochenende war sehr nervenaufreibend, die Gedanken kreisten mir durch den Kopf. Was ist wenn…aber nein, ich will kein Wenn! Ich will nur, dass mein Kind gesund wird und dieser Horror bald ein Ende hat. Wir redeten nun schon wieder das ganze Wochenende immer nur über Lars' Krankheit. Ich hielt es kaum aus.

Am Montag früh bin ich mit Lars in die Klinik. Zunächst anmelden, dann zum PET-CT. Ich hatte zum Glück ein paar Tage Urlaub.

Dort kam er pünktlich dran. Eine gute Freundin von mir leistete mir Gesellschaft, so ging die Wartezeit schneller um. Das CT dauerte zwei Stunden und fünfundvierzig Minuten. Als Lars herauskam, mussten wir noch mit ihm zusammen warten. Nach ca. 20 Minuten kam der Arzt und holte uns zum Gespräch. Er sagte, dass in der Leber nichts leuchten würde. Ich konnte es kaum fassen. Was für eine Erleichterung. Ich fragte nach dem Beckenknochen und überhaupt nach allen Knochen. Der Arzt sagte nur, dass Lars nirgends leuchten würde. Ich bin so froh über diese Aussage. Natürlich konnte das ein Fehler sein, aber ich hoffte, dass er keine Tumorzellen hat.

Ich ließ Lars in der Klinik, seine Freundin würde auch kommen und die Psychologin auch. Seine Freundin kam nicht, sie fühlte sich nicht gut.

15.Oktober

Am Dienstag früh sollten wir um 8 Uhr in der Leber-Ambulanz sein. Das funktionierte auch, wir waren die Ersten und kamen gleich dran. Der Arzt klärte uns über die OP auf. Außerdem machte er einen Ultraschall der Leber. Er konnte beide Tumore sehen. Der leitende Arzt kam dazu und schaute sich auch noch die Bilder an. Er meinte, da ist ja die Zyste. Aber er wollte sich natürlich nicht festlegen. Er sagte aber auch, dass er beide Tumore sicher gut entfernen kann. Lars müsse dann für fünf Tage in der Klinik bleiben. Die Tumore würden eingeschickt werden und in die Pathologie und danach wären wir auf der sicheren Seite. Nun mussten wir noch zum Narkosearzt und zur Blutentnahme. An der OP-Anmeldung kannte ich die Kollegin, es fühlte sich gut an, sie wieder zu sehen. Wir bekamen einen Termin für den 30.10., vorher gab es keinen freien OP-Platz.

Lars und ich sind dann um 11:15 Uhr in der Kinderklinik angekommen und mussten auch dort wieder warten. Um 12:30 Uhr beschwerte sich Lars, woraufhin die Ärztin wenige Augenblicke später zu uns kam. (In der Kinderklinik ist die Studienambulanz).

Sie informierte uns über die Studie und eigentlich ging es nur um die Datenschutz-Erklärung, die unterschrieben werden musste. Sie würde dann in den OP kommen und ein kleines Stück vom Tumor mitnehmen.

Lars und ich sind dann in die Innen-Stadt, dort musste ich noch wegen meiner Zähne zur Krankenkasse und wir ließen uns einen Döner schmecken. Nach den beiden Tagen hatten wir wirklich gute Laune, denn wir glaubten beide nicht mehr daran, dass der Krebs zurück ist. Ich schrieb Dr. Best von den Ergebnissen und von dem Termin. Er fand es nicht so gut, dass der Termin erst in zwei Wochen stattfände. Aber was sollte ich machen, es ging nicht schneller. So hieß es nun abwarten.

In der Zwischenzeit traf ich einen lieben ärztlichen Kollegen. Ich erzählte ihm, was bei uns los ist und er war sichtlich schockiert. Er sagte, dass ich ihn anrufen solle, wenn Lars die OP hat, er würde persönlich die Narkose machen und ich solle nicht zögern, ihn anzurufen. Dies wurde beim Aufklärungsgespräch für die Narkose nur belächelt.

Für den OP-Termin nahm ich mir einen Tag frei.

30.Oktober OP -Termin

Wir kamen extra sehr früh um 06:30 Uhr in die Chirurgie. Mir war schon klar, dass wir bestimmt lange warten müssen. So war es dann auch. Im Wartezimmer wurde ein anderer Patient weggeschickt und bekam einen neuen Termin, da hatten wir schon Angst, dass uns das gleiche passieren könnte. Gegen zehn Uhr kam Lars dann endlich dran. Einer der leitenden Ärzte kam vorbei und sagte, dass wir jetzt nicht mehr lange warten müssten.

Ich habe Lars dann bis in die Schleuse begleitet. Ich hatte extra mein Dienstausweis bei mir, damit man sieht, wer ich bin. Uns nahm ein sehr netter Pfleger in Empfang. Dem sagte ich dann auch direkt, dass wir auf meinen Arzt (leitende Funktion) warten. Der schaute etwas verwundert und antwortete, dass er davon nichts wisse. Der Narkosearzt kam, und war bei mir schon unten durch, als er zur Tür hereinkam. Er begrüßte nur Lars und beachtete mich nicht weiter. Er fing an ihm zu erzählen, dass es jetzt gleich los ginge. Dann meldete ich mich zu Wort und fragte nach meinem Arzt. Der Narkosearzt schaute mich verwundert an und sagte, das sei nicht geplant. Ich sagte sehr bestimmend: „Oh doch, das ist geplant. Rufen sie ihn bitte an!" Er schaute mich verwundert an, sagte dann:" Der kommt vielleicht später irgendwann". Ich wurde etwas energischer und bat erneut, dass er bitte anrufen soll, sonst würde ich seinen Vorgesetzten anrufen. Ich holte mein Handy raus und sah ihn an. Er schaute mich verwundert an und fragte: „Was, Sie haben die Handynummer von meinem Vorgesetzten? Die habe ich nicht!" Ich schaute ihn an und antwortete: „ich habe die Nummer und rufe Ihn jetzt gerne selbst an. Denn wir sind befreundet." Der Arzt verschwand und 2 Minuten später kam mein Freund. Er kam, mit seiner Wahnsinnsaura und füllte damit den ganzen Raum aus. Er nahm mich leicht in den Arm und ging zu Lars und sagte lächelnd: "So, ich bin da, wir können gleich loslegen. Lars keine Angst, ich passe auf dich auf." Er ging mit mir aus der Schleuse und ich war sehr beruhigt. Ich wünschte Lars noch viel Glück und der Narkosearzt guckte mich irgendwie blöde an. In diesen Momenten freute ich mich sehr darüber, dass ich immer zu allen Kollegen, mit denen ich direkt zu tun habe, ein gutes Verhältnis habe. Ich behandle alle Kollegen gleich gut. Ich bin immer zu allen freundlich und hilfsbereit. Ich versuche alles, was geht zu machen, und es gibt Kollegen, die machen das auch genauso.

Stunden später wartete ich vor dem Aufwachraum. Der Chirurg kam heraus und berichtete mir kurz, wie es gelaufen ist. Mein Arzt-Freund kam dann auch und sagte mir, dass es leider nicht so gut aussehen würde. Das seien definitiv keine Zysten, das sieht leider nach Krebs aus. Ich versuchte mich zusammen zu reißen und nicht zu weinen. Trotz allem liefen mir die Tränen nur so die Wangen runter. Still und leise. Lars kam auf die

Anästhesie Intensiv für eine Nacht. Mein Mann kam nun auch endlich und ich erzählte ihm, was mir erzählt worden war.

Die Kollegen dort waren superlieb und haben uns zu Lars gebracht. Lars war schon einigermaßen wach. Er hatte Durst, durfte aber natürlich noch nichts trinken. Er hatte Schmerzen, wie immer. Wir blieben eine Weile bei ihm und ich „betüttelte" ihn ein bisschen. Wir fuhren dann am Abend nach Hause und erzählten Marie, wie es gelaufen ist.

31.Oktober

Am nächsten Morgen ging ich zunächst arbeiten, dann besuchte ich Lars und blieb eine Weile bei ihm. Mein Mann war vormittags auch schon da gewesen und kam am Nachmittag wieder dazu. Lars musste eine Woche bleiben. Er hatte Schmerzen und die hörten nicht auf. Die Ärzte wunderten sich darüber sehr, denn normalerweise sind die Menschen nach dieser „kleinen" laparoskopischen OP recht schnell wieder fit und haben nicht solche Schmerzen. Lars durfte am siebten Tag nach Hause. Allerdings hatte er sehr starke Schmerzen, so dass wir am nächsten Morgen wieder in die Klinik fuhren, um ein CT machen zu lassen. Es war noch eine neue Metastase dazu gekommen. Nun waren zwei Metastasen raus und zwei waren noch drin. Ich rief meinen Arzt-Freund an und bat um Hilfe wegen der Schmerzen. Er schickte uns zu einem Schmerz-Therapeuten, der meinen Sohn auch schon kannte und der kümmerte sich ganz toll um ihn. Lars musste nun wieder auf Station aufgenommen werden, dort blieb er für zwei Nächte, dann durfte er wieder heim. Wir gingen davon aus, dass die Schmerzen nicht von der Leber-OP kamen, sondern noch von der großen Operation am Rücken. Grund war wahrscheinlich, dass er so lange keine Physiotherapie hatte. Lars hat seit der großen OP immer Rückenschmerzen und ist sehr empfindlich an der rechten Körperhälfte.

Nun hatten wir wieder einen Termin bei dem Onkologen. Er erklärte uns, dass er in der nächsten Woche gerne mit der Chemo anfangen würde, um so wenig Zeit wie möglich zu verlieren. Die Nebenwirkungen sollen nicht so heftig sein wie bei den anderen Chemos, die mein Sohn schon hatte.

Die Leberchirurgen haben den alten Port entfernt und mein Sohn hat sich nach der Operation darum gekümmert, einen neuen Port bei den Chirurgen in der Stadt zu bekommen. Das funktionierte auch alles ohne Probleme.

Am Freitag vor der Chemo nahm ich wieder Blut ab und Lars konnte montags zur Chemo mit dem neuen Port antreten. Es gab eine Tablette, die er mit Apfelmus nehmen sollte und danach kommt die Infusion, die ca. zwei Stunden lief. Lars konnte dann nach Hause. Das Ganze dauerte fünf Tage. Bei der ersten Chemo ist Lars noch arbeiten gegangen. In der Woche nach der Chemo hatte er heftige Durchfälle und Bauchschmerzen, die 4 Tage anhielten und er nicht arbeiten gehen konnte. Als die Durchfälle wieder abgeklungen waren ging mein Sohn wieder arbeiten. Ich nahm Blut ab und gab ihm zwischendurch die Spritzen für die Leukos. Ich beobachtete die Blutwerte und informierte den Onkologen. Die Nierenwerte waren seit der aktuellen Chemo ein bisschen schlecht und sein Kalium ging auch seitdem runter, wegen des Durchfalls. Bei der zweiten Chemo hatte mein Sohn schon nach dem zweiten Tag Bauchschmerzen und konnte nicht arbeiten gehen. Der Durchfall hielt dann auch bis Donnerstag an.

20.Dezember

Lars hatte wieder ein CT und ein MRT. Alles an einem Tag. MRT vom Oberbauch und Becken, CT von der Lunge. Das Ergebnis war, dass die Metastasen gleich groß geblieben sind.

Die nächste Chemo war dann in der ersten Januar-Woche. Das gleiche Spiel, eine Woche Chemo, immer wieder Blut abnehmen und die Spritzen in der Woche nach der Chemo. Mein Sohn hatte Schule und ist da auch meistens hingegangen. Leider hatte er sich dann eine heftige Erkältung eingefangen. Bei dem vierten Chemozyklus wurde bei Tag eins ein Abstrich gemacht und danach die Chemo um eine Woche verschoben, weil er einen Virusinfekt hatte. Nun bekam er von der einen Chemo sehr starke Bauchschmerzen und Durchfall. Der Darm hatte sich gerade beruhigt und es ging die vierte Chemo los. Eine Woche später hatte Lars immer noch Durchfall und Bauchschmerzen. Einer der Onkologen gab ihm ein Rezept für Opium Tropfen. Die wollte er aber nicht so recht ausprobieren, tat es aber dann doch und nach einer guten Woche ging es ihm dann auch wieder besser.

Nun musste die Planung gemacht werden – Operation oder Bestrahlung.

Weihnachten und Silvester vergingen, es passierte nichts Aufregendes. Lars konnte sich ein bisschen erholen und Kraft sammeln.

7.Februar .2020

Lars hatte wieder ein CT und ein MRT, das gleiche Spiel wie im Dezember. Diesmal waren seine Schilddrüsenwerte auch wieder schlecht, so musste er die „leckeren" Schilddrüsen Tropfen nehmen. Die schmeckten sehr salzig. Er hat schon wieder eine latente Schilddrüsenüberfunktion durch das viele Kontrastmittel. Diese Tropfen verhindern, dass das Kontrastmittel sich in der Schilddrüse absetzt und einen größeren Schaden verursacht.

20.Februar

Der Termin bei dem Radiologen in der Radioonkologie fand glücklicherweise am Nachmittag statt, so dass ich die Zeit hatte, Lars zu begleiten, ohne dass meine Kollegen zu viel meiner Arbeit übernehmen mussten. Wir wurden darüber aufgeklärt, wie diese Bestrahlung stattfindet und funktioniert. Es war eine punktuelle Bestrahlung, bei der nur die Metastase bestrahlt wurde. Die Erfolgsaussichten waren gut. Die Nebenwirkungen sind wahrscheinlich nicht sehr hoch, da es ja nur die Metastasen betrifft. Es kann aber natürlich zu Übelkeit, Erbrechen, Müdigkeit usw. kommen.

Nun war wieder Wochenende und wir redeten darüber, ob Bestrahlung oder Operation besser sei oder ob man das kombinieren könne. Eigentlich dachte ich immer, herausschneiden ist besser, denn dann ist der Krebs aus dem Körper. Nur wenn zu viel gesundes Gewebe entfernt würde, ist das auch schlecht. Mir war schon klar, was die Chirurgen am Dienstag sagen werden.

Montags hatte ich nochmals ein persönliches Gespräch mit dem sehr netten und geduldigen Radiologen, um zwei Fragen zu klären. Er war so nett und nahm sich die Zeit mit mir persönlich zu reden, er hätte mich auch anrufen können oder einfach nur meine Mail beantworten können, aber er sprach persönlich mit mir. Das tat gut. Mir ging es um die Erfolgsaussichten und die Spätfolgen. Hat die Bestrahlung Erfolg, kann damit dieser „scheiß Krebs" weggebrutzelt werden? Oder blieben nachher doch Reste und er müsse operiert werden. Könne man auch erst die Operation machen und dann die Reste bestrahlen? Er sagte, erst müsse die Bestrahlung gemacht werden, denn nach der Operation könne nicht direkt bestrahlt werden wegen der Blutungsgefahr. Aber er gehe davon aus, dass das nicht nötig sein wird. Spätfolgen könnten höchstens am Knochen auftreten und dass sein Becken bei einer höheren Belastung plötzlich brechen kann. Das hört sich nicht gut an, aber vielleicht besser als das, was mir die Chirurgen sagen werden, dachte ich mir.

25.Februar

08:30 Uhr bei den Leberchirurgen in der Sprechstunde. Wieder sind alle sehr freundlich. Der Arzt meinte, dass er die eine Metastase gut rausbekommen kann auch laparoskopisch, (mit einer kleinen Sonde und drei kleinen Schnitten) aber die kleinere von nur 3 mm Größe ist kaum zu finden im Ultraschall. Es sah so aus, als sei sie an einer Venengabelung. Er müsse da wahrscheinlich einen ganzen Leber-Lappen entfernen, dass würde er nur ungern machen, weil mein Sohn noch so jung sei und seine Leber noch braucht. Auch wenn ein Teil wieder nachwächst. Lars fragte, warum man eine operierte Leber nicht direkt bestrahlen kann. Uns wurde gesagt das sollten wir besser mit den Radioonkologen besprechen.

Nach dem Gespräch meinte Lars, er tendiere eigentlich eher zur Operation, aber ich tendierte jetzt eher zur Bestrahlung, denn bei der Operation kann nicht alles entfernt werden. Er musste noch zur Chemo. Wir sprachen alles nochmal durch, was der Radiologe und der Chirurg gesagt hatten. Wir hatten nach der Chemo noch ein Gespräch mit dem Onkologen. Auch mit ihm sprachen wir alles durch. Die Entscheidung fiel auf die Bestrahlung.

Mein Sohn hatte am nächsten Morgen schon das Vermessungs-CT. (dort wird genau geschaut wie der Patient liegen muss das man immer den gleichen Punkt bestrahlt.) Es wurde eine Vakuum-Matratze an ihn angepasst, so dass er immer exakt die gleiche Stellung einnehmen würde. Sein Körper war voll mit Kreuzen, welche als Markierung für die Bestrahlung genommen wird. Nun ist er vermessen.

Lars hatte jetzt häufiger Besuch von einer wunderschönen jungen Frau. Sie huschte immer schnell in sein Zimmer und wieder raus. Wir sahen sie kaum. Von seiner Freundin hatte er sich schon vor einer Weile getrennt.

09.März

die erste Bestrahlung

Vereinbart waren fünf Bestrahlungen an der Leber und eine am Becken. Jede Bestrahlung dauerte ca. 30 Minuten wegen der Vorbereitung.

Lars sollte zu den Bestrahlungen mit dem Taxi fahren. Das ist so kompliziert diesen Taxischein zu benutzen. Die Taxizentrale will das Original mit Originalgenehmigung der Krankenkasse. Ich hatte während der Arbeit die Krankenkasse angerufen und darum gebeten, den Taxischein zu genehmigen. Das funktionierte auch direkt. Aber die Taxizentrale wollte die Originale haben, das Fax reiche nicht. Ich sagte, ich könne den Taxischein jetzt nicht vorbeibringen. Außerdem war die Bestrahlung heute und die ganze Woche.

Letztendlich hatte Lars einen netten Taxifahrer aus unserem Ort, der sich um alles kümmerte. Ich bin sehr dankbar für jeden netten Menschen, der einem diese „Bürokratenmist" abnimmt!

Lars kam kurz bei mir im Dienst vorbei, um mir zu berichten, dass er heute schon das Becken bestrahlt bekommen hat und die Leber gleich auch noch dran sei. Ihm wurde gesagt, dass die Leber jetzt täglich bestrahlt würde. Schon wieder eine Planänderungen. Kann man denn den Patienten nicht richtig informieren? Nun bekommt er in einer Woche drei Bestrahlungen am Becken, obwohl nur eine geplant war, warum, fragte ich mich? Die Leber wurde auch schon fünf Mal bestrahlt, allerdings bestrahlten sie die beiden Metastasen abwechselnd. Da ich mit einem der Oberärzte ein persönliches Gespräch hatte, sagte ich mir, die werden bestimmt alles richtig machen. Ich vertraute den Ärzten dort.

In der ganzen Zeit war ich immer arbeiten. Außerdem musste ich mit meiner Tochter zum MRT, da sie immer noch Schmerzen im Daumen hatte. Die Kapselverletzung wollte nicht heilen. Nun wurde der Daumen stillgelegt. Sie sollte auch keinen Ballsport mehr ausüben, weil das für den Daumen nicht gut sei. Marie spielte auch Klavier und

Klarinette und konnte das zu diesem Zeitpunkt wegen des lädierten Daumes nicht mehr. Marie's Sportlehrer nahm das nicht ernst und forderte sie auf, mitzumachen, da für Ihn nicht in Frage kam, andere Sportarten als Volleyball und Basketball mit den Kindern zu trainieren. Er drohte ihr an, dass sie anderenfalls ein „Nicht feststellbar" im Zeugnis bekommen würde. (Wahrscheinlich kann dieser Lehrer nichts anderes als Volleyball und Basketball.)

Anfang Januar kam eine sehr gute Freundin zu mir. Sie berichtete mir von schlimmen Schmerzen im Rücken und dass der Orthopäde irgendwas an der Wirbelsäule gefunden hatte. Sie solle in die Klinik. Ich habe ihr über einen netten ärztlichen Kollegen einen Termin bei den Neurochirurgen besorgt.

Leider kam dann heraus, dass sie Krebs hatte. Metastasen überall. Das an der Lendenwirbelsäule ist eine Metastase und an der Schulter auch. In der Leber und der Lunge sind auch welche. Sie kam auf die Station, auf der Lars immer lag, wenn er Chemo bekommen hatte. Es wurden viele Untersuchungen durchgeführt, auch eine Leberbiopsie. Sie bekam eine Notfallbestrahlung der Wirbelsäule, denn sie konnte immer schlechter laufen, und war sogar schon auf einen Rollstuhl angewiesen. Sie haben den Primärtumor nicht gefunden, da sie aber aufgrund der Biopsie wissen, welche Zellen es sind, ging dann nach drei Wochen die Chemo schon los. Sie gaben ihr weniger als ein Jahr Überlebenschance. Sie sagte, sie wolle kämpfen und das tat sie auch. Die Metastasen waren sogar schon nach der zweiten Chemo etwas kleiner oder gleichbleibend.

Nebenbei berichtet mir meine Mutter, dass ihr Mann gestürzt sei und ins Krankenhaus kam. Er hatte Holz gehackt, kam mit einer blutigen Stirn zu meiner Mutter ins Wohnzimmer gewankt und fiel um. Meine Mutter rief den Rettungswagen und er wurde mit Verdacht auf Schlaganfall eingeliefert in das nächste Krankenhaus.

Ich fuhr gleich zu meiner Mutter und schaute mir das alles erstmal an. Er lag auf der Stroke-Unit, das ist eine Intensivstation für Schlaganfallpatienten. Als ich ihn sah, war mir klar, er hatte keinen Schlaganfall. Meine Mutter erzählte mir, dass er Holzhacken war. Ich sprach mit Hubert und er sagte so gut er konnte, dass das Holz geflogen ist. Seine Sprachstörungen waren manchmal schlimm. Leider hatten sie schon mit der Lyse (Blutverdünnung) angefangen, und das trotz Kopfverletzung. Aber er lag ja gut überwacht auf Intensivstation. Er hatte ein dickes Ei auf der Stirn. Er lachte mich an und blieb ein paar Tage dann noch auf der Station, bevor er wieder nach Hause durfte. Er hat sich wohl selbst „ausgeknockt" mit einem fliegenden Holzscheit. Danach war er in allem viel langsamer und nicht mehr so fit wie vorher. Ich sagte meiner ungeduldigen Mutter, sie solle ihm Zeit lassen, denn in dem Alter dauert es länger sich zu erholen. Zwei Wochen später rief meine Mutter mich sonntags morgens an und erzählte mir, dass Hubert wieder gestürzt sei. Er würde bluten an den Armen, aber er will nicht zum Arzt. Ich packte meine Verbandsachen ein und fuhr hin. Beide Arme waren verletzt. An seinem linken Arm hatte sich die Haut großflächig verschoben, dadurch, dass er seit Jahren Aspirin nimmt, hatte er eine Haut wie Papier „Papierhaut". Ich schob die Haut wieder zurecht und legte Gaze auf, danach einen dicken Verband mit vielen Kompressen. Das gleiche auf dem anderen Arm. Ich schaute noch nach dem Blutdruck, der war viel zu hoch, und nach den Medikamenten schaute ich auch noch. Ich war schockiert. Er machte das bis dahin immer alles noch allein. Ich erklärte ihm, dass das ab sofort nicht mehr gehen würde. Er hatte alle Tabletten in Viertel und Halbe zerbrochen und kreuz und quer in sein Medikamentenschälchen gepackt. Er musste fünf verschiedene Tabletten nehmen. Die waren jetzt nicht mehr auseinander zu halten. Ich richtete die Medikamente und zeigte meiner Mutter, wie sie das in Zukunft machen solle. Ich empfahl meiner Mutter bei der Krankenkasse Pflegestufe zu beantragen.

Das sind weitere Ereignisse, um die ich mich neben allem anderen kümmern musste.

Nun kam die Corona Krise auch noch dazu.

20.März

Mir wurde auf der Arbeit mitgeteilt, dass ich aufgrund von Corona, auf einer Station in der Pflege arbeiten soll. Das habe ich schon viele Jahre nicht mehr gemacht, aber ich war natürlich bereit, dies zu tun.

Montags meldete ich mich dann auf der Station und half direkt beim Patienten-Waschen und schrieb die EKG's. Auch Beine wickeln konnte ich noch. Es machte mir direkt wieder Spaß „meine" Patienten zu versorgen. Leider mussten wir immer den ganzen Tag mit dem gleichen Mundschutz arbeiten, da es nicht genügend gab. Donnerstags sollte ich dann zwischendurch noch auf einer anderen Station aushelfen. Auch dies übernahm ich, ohne zu meckern. Besonders viel wusste ich jetzt nicht von den Patienten, da ich ja spontan dazu gekommen war. Ein Patient hatte einen Schrittmacher bekommen außerdem hatte er Fieber. Ich war allein auf Station und dieser Patient musste auf

Toilette. Er fing schon an über die Bettgitter zu steigen. Da half ich ihm direkt und konnte ihn auch beruhigen.

Freitags war ich wieder auf einer anderen Station.

30.März

Lars bekam die letzte Chemo in dieser Woche. Freitags hatte ich Blut abgenommen und montags lief dann die Chemo.

Ich arbeitete wieder auf Station. Der Patient, den ich Donnerstag versorgt hatte, lag jetzt auf dieser anderen Station in einem Vier-Bett-Zimmer. Ich schrieb ein EKG bei ihm. Der Patient inhalierte gerade und es ging ihm gar nicht gut, er bekam sehr schlecht Luft. Er gefiel mir nicht, worauf ich die Ärzte informierte.

Als ich nach Hause kam, war Lars dabei, seinen Auszug vorzubereiten. Er wollte in zwei Wochen raus und mistete alte Sachen aus. Ich half ihm dabei, aber ich war schnell sehr müde und legte mich früh ins Bett.

31.März

Ich kam auf Station und mir wurde mitgeteilt, dass der Patient, dem es so schlecht ging, Corona-positiv sei und nun auf die Infektions-Station verlegt wurde. Ich sollte Donnerstag zum Abstrich gehen. Ich rief Lars direkt an und teilte ihm mit, dass ich evtl. Corona haben könnte, auch Dr. Best informierte ich. Lars hatte Angst und packte noch am gleichen Tag seine Sachen. Ich ging zu Hause in mein Zimmer und blieb da, bis ich am Donnerstag zum Abstrich ging. Mir ging es nicht gut. Ich hatte extreme Kopfschmerzen und fühlte mich schlapp. Eigentlich tat mir alles weh.

Papa und Marie halfen Lars beim Umzug. Ein langjähriger Freund half auch noch mit. Mein Sohn war völlig am Ende, denn mitten in der Chemo-Woche ist das natürlich doppelt anstrengend. Aber er war froh, dass er jetzt sein eigenes Leben führen konnte.

Am Abend bekam ich den Anruf, dass ich Covid-19 positiv sei. Ich konnte es nicht fassen, ausgerechnet ich musste jetzt diesen Mist haben. Mein Mann und meine Tochter mussten auch in Isolation und ich in Quarantäne. Mein Sohn wurde auch getestet, in der UCT-Ambulanz. Er musste aber für die Chemo isoliert werden, falls er es doch hat. Zum Glück habe ich niemanden angesteckt. Mein Sohn bekam zwei Abstriche, beide fielen negativ aus. Meinem Sohn ging es abgesehen von den Chemo-Nebenwirkungen auch ganz gut. Nun konnte ich ihm jetzt kein Blut mehr abnehmen und auch keine Spritzen nach der Chemo geben.

Ich half ihm telefonisch sich selbst zu spritzen. Das ist eine Herausforderung sich selbst zu spritzen. Aber wenn man das einmal gemacht hat, wird die Überwindung immer kleiner.

Ich wurde nun alle zwei Tage vom Gesundheitsamt angerufen und meine Symptome wurden abgefragt. Ich lag bis 15.4. im Bett, ab dem 20.4. ging es mir wieder einigermaßen gut ich konnte mich wieder frei Im Haus bewegen. Ich fühlte mich noch etwas schlapp, aber bis auf den Geruchssinn war alles wieder fast normal. Ich hatte immer mal wieder Gliederschmerzen, die mich aber nicht so sehr am Alltag hinderten. Ibuprofen half.

Mai 2020

Meinem Sohn ging es gut. Er fühlte sich in seiner neuen Wohnung super wohl und mit seiner neuen Freundin auch. Ein Freund ist mit eingezogen, das klappte allerdings nicht so gut. Es gab immer wieder etwas Stress und naja, ist ja auch nicht so einfach so eine WG. Mein Sohn hat eine neue Freundin, die sich sehr um ihn kümmert. Sie hat einen Sohn, der 5 Jahre alt ist. Mein Sohn war schon sehr gefordert, aber ich würde sagen, er meisterte das alles sehr gut. Es gab noch ein Kontroll-CT und MRT, da war alles unverändert. Lars hatte leider immer wieder Schmerzen am rechten unteren Rippenbogen. Ich empfahl ihm, mal zu der Psychologin zu gehen, denn ich denke die Schmerzen sind psychisch. Er glaubte aber, weil die Schmerzen so schlimm sind, müsse da etwas kaputt sein. Rippe gebrochen oder das Patch abgerissen. Das konnte ich mir alles nicht vorstellen. Es wurde nochmals ein Röntgenbild gemacht, auf dem alles unverändert war. Das dachte ich mir schon. Lars machte nun doch einen Termin bei der Psycho-Onkologin. Sie bestätigte meinen Verdacht und schickte ihn zum Schmerzdienst, der solle das prüfen und er müsse dann zum Schmerzpsychologen.

15.Juni

Kontroll-CT.

Ich hatte das ganze Wochenende schon einen Stein im Magen. Ich hatte ein schlechtes Gefühl.

16.Juni

Ich las den CT-Befund im PC. Schon wieder etwas Neues, dieses Mal in der Lunge. Ich konnte nicht mehr, meine Tränen liefen. Meine Kollegin und Freundin kam zur Tür herein und fragte mich was los ist, ich zeigte nur auf den Bildschirm. Sie nahm mich in den Arm und sagte mir, ich solle jetzt erst einmal abwarten, was beim MRT rauskommt. Ja das weiß ich, ich war trotzdem mit meinen Gedanken bei meinem Sohn und wusste nicht, was ich machen sollte. Ich erzählte es am Abend meinem Mann, und der ist auch fassungslos und sehr traurig. Wir weinten zusammen am Telefon. Sonst informiere ich niemanden.

17.6. MRT

Ich hatte Angst.

18.Juni

Ich las den MRT-Befund, der gar nicht mal so schlecht war. Lebermetastasen, sind alle weg, die große Metastase aus der Leber hinterlässt eine Nekrosen höhle, was völlig normal ist. Das Ding am Becken ist unverändert, man kann noch nicht sagen, ob es tot ist oder nicht.

Mein Sohn hatte am Nachmittag den Termin beim Schmerzdienst und ich bat ihn, danach zu mir zu kommen.

Ich erzählte ihm vom Befund. Wir weinten beide und ließen uns von meinem Mann abholen. Er wollte nach Hause zu seiner Freundin.

19.Juni

Ich traf mich mit Lars in der UCT-Ambulanz und wir warteten auf den Onkologen, mit dem wir dann über die Befunde sprachen. Er vermutete, dass das Metastasen waren, aber da es erst eine von fünf mm und das andere nur eine Strukturveränderung ist, will er abwarten. Wenn in der Lunge Krebszellen sind, müssen wir erst einmal abwarten, wie sie sich weiterentwickelt, bevor irgendetwas gemacht werden kann. Wenn sich in vier Wochen tatsächlich bestätigt, dass es mehr Metastasen sind, wird systematisch überlegt, ob ggf. eine Operation oder nur Chemo und Bestrahlung in Frage kam. Es war kein Ende in Sicht.

15 Juli

5 Wochen sind vergangen nach dem letzten CT und nun stand wieder ein CT Thorax an. Ich war super angespannt und konnte mich kaum auf die Arbeit konzentrieren. Nach dem CT ging ich zu meiner Kollegin und Freundin, und sie schaute im CT-Befund nach, ich musste mich setzen. Sie fing an zu lachen und zu strahlen. Es ist nichts mehr zu sehen. Keine Metastasen, gar nichts.

Ich musste vor Freude weinen und rief sofort meinen Sohn an. Der war noch im Auto mit seiner Freundin. Ich teilte ihm weinend und lachend mit, dass nichts mehr nachweisbar ist. Die Beiden freuten sich so sehr. Mir liefen immer noch die Tränen. Ich rief auch gleich noch meinen Mann an, der gerade mit unserer Tochter in Österreich Urlaub machte. Er ging auch direkt an sein Handy, so dass ich ihm den guten Befund mitteilen konnte. Die beiden freuten sich riesig.

Nach der Arbeit gab ich auch meiner Mutter, meinem Vater und meiner Schwester Bescheid.

Ich denke, dass vielleicht doch tatsächlich die wahre Liebe so viel Glückshormone freisetzt, dass die Krebszellen keine Chance haben.

Nun stand einem unbeschwerten Sommerurlaub fast nichts mehr im Wege. Nur Corona.

Aber es funktionierte alles, wir konnten fliegen, holten uns keine Corona-Infektion und kamen nach zwei Wochen gesund wieder nach Hause.

Dort empfing uns Lars mit seiner Freundin und teilte uns mit, dass er im Oktober heiraten will. Ich freute mich so sehr, dass ich mal wieder weinen musste – vor Freude. Ich habe das Gefühl, dass diese wunderschöne Frau die Richtige für meinen Lars ist. Sie ist wunderbar. Ihr kleiner Sohn ist süß. Jetzt bin ich sogar Oma. Ich freute mich.

17.September

Ich war wieder angespannt, schon eine Woche vor dem Screening. Doch das CT und MRT waren ohne neue Metastasen. Leber sah gut aus, Becken auch. Ich rief sofort meinen Lars an und das machte uns alle sehr glücklich.

3.Oktober

Mein Sohn heiratete seine wunderschöne und liebe Frau.

Er fand sogar einen neuen Job zur Ausbildung als Fachinformatiker.

Meiner Freundin ging es sehr schlecht, Sie baute immer mehr ab und wurde nun palliativ betreut. Ich besuchte sie jeden zweiten Tag nach meiner Arbeit auf der Palliativstation.

9. Dezember

Mein Sohn sollte heute das MRT von Bauch und Becken bekommen. Ich habe seit Montag schon wackelige Knie und Magenschmerzen deswegen.

10.Dezember

Lars bekam das CT morgens und einen Lungenfunktionstest, sowie einen Herzschall. Da der Befund vom MRT auf sich warten ließ, machte ich mir große Sorgen. Ich war nervlich wieder sehr angespannt. Schließlich druckte eine Kollegin den Befund aus. Es war alles OK und sie zeigte den Befund auch meinem Sohn. Wir freuten uns, aber mir kam es so vor, als hätte ich den Befund schon mal gelesen. Ich dachte aber nicht weiter darüber nach und freute mich ein bisschen, aber der CT-Befund stand ja noch aus. Lungenfunktion war ein kleines bisschen besser, und der Herzschall war auch gut. Nun warteten wir auf den Befund. Beim Nachschauen im PC saß mein Sohn neben mir und ich sah, dass da kein neuer MRT-Befund ist und schaute auf den Ausdruck, wobei mir das Datum auffiel. Es war der Befund vom September. Ich drehte fast durch. Mein Sohn war nun auch sauer, weil er sich schon so gefreut hatte und seiner Frau auch schon Bescheid gegeben hatte. Doch dann war auch der neue Befund im System und wir lasen, dass in der Leber eine neue „Läsion" von 8mm zu sehen war.

Wir waren schockiert, sprachlos, traurig, fassungslos. Ich musste mich sehr zusammenreißen und sagte meinem Sohn, dass das auch ein Artefakt sein könnte, oder sonst was. „Nicht gleich das Schlimmste denken. Lass uns erst einmal das CT abwarten."

Das Wochenende war für uns mal wieder ein quälendes Warten.

14.Dezember

Montagmorgen, ich bin immer sehr früh im Dienst und konnte in Ruhe im System nachsehen. Aber der Befund war nicht da. Mir versagten fast die Knie. Ich wusste, dass bedeutete nichts Gutes.

Zum Glück wurde mein Kurs, den ich heute hätte halten müssen, abgesagt. Es waren zu viele Kollegen an Corona erkrankt.

Im Laufe des Vormittags ging der Befund dann ein. Die „Läsion" in der Leber wird erwähnt, genau wie ein 2mm großes Ding in der Lunge links. Lars fragte mich, ob es etwas Neues gibt. Ich erzählte ihm, was ich entdeckt hatte. Er ließ sich von seinem Papa von der Arbeit abholen und nach Hause fahren.

Ich schrieb Dr. Best direkt eine Mail. Er antwortete mir, dass er den Fall von meinem Sohn am Mittwoch ins Tumorboard mitnimmt, möchte aber vorher nochmals einen Ultraschall von der Leber haben.

Mein Sohn bekam am Mittwoch den Ultraschall, der, wie sich herausstellte, nicht besonders aussagekräftig war.

Am Donnerstag las ich den Bericht vom Tumorboard. Da stand, dass sie das Ding in der Leber mit einer Mikrowellen-Bestrahlung behandeln wollen. Ich sprach mit meinem Chef wegen der Lunge und weil mein Sohn an der operierten Seite immer so viele Schmerzen hat, ob er den Chef der Thoraxchirurgie mal fragen könne, ob wir einen Termin bekommen könnten. Mein Chef rief dort auch direkt an und wir bekamen für Freitag einen Termin. Vielen Dank an meinen Chef, dass er das so ohne weiteres gemacht hat. Er hat einfach direkt sein Handy in die Hand genommen und den anderen Chef angerufen. Ich weiß, das ist nicht selbstverständlich, aber es ist sehr menschlich und freundlich. Mein Chef ist einer von den Guten. Danke.

17.Dezember

Ich konnte Lars zum Thorax Chirurgen begleiten. Der Arzt meinte, dass dieser kleine Punkt von 2mm einfach zu klein ist um irgendetwas zu sagen oder zu tun. Bei einer Operation würde man den nicht finden. Lars Schmerzen auf der rechten Seite sind chirurgisch nicht behandelbar. Man würde mit einer Operation alles nur schlimmer machen. Ich dachte nach wie vor, dass seine Schmerzen Phantomschmerzen sind und ihm da nur ein Schmerzpsychologe helfen könne.

Ich schickte an diesem Tag noch eine Mail an den Radiologen Dr. Herzlich, den ich von früher kannte. Ich hoffte, er könne uns noch dieses Jahr helfen. Auf normalem Wege würden wir dieses Jahr keinen Termin mehr bekommen für die Mikrowellen-Bestrahlung. Der Arzt rief mich an und versprach mir, sich zu kümmern. Er sagte, er schaut sich mit einem Kollegen alle Bilder an und vergleicht alles. Er rief mich dann montags an und sagte mir, dass mein Lars am Dienstag zur Aufklärung kommen solle und am Mittwoch würde der Eingriff stattfinden. Ich informierte meinen Sohn, der nicht begeistert war, da er eine Nacht in der Klinik bleiben muss. Aber nach dem Gespräch mit dem Arzt war er zuversichtlich und wir gingen die Sache positiv an.

Ich telefonierte noch mit meinem Arzt wegen der Narkose und er versprach mir, da zu sein.

23.Dezember

Ich hatte Urlaub und traf mich mit meinem Sohn vor der Klinik. Zusammen gingen wir zur Anmeldung und er kam direkt dran. Da war ich echt froh, dass keine langen Wartezeiten auf ihn zukamen. Ich fragte, ob mein Arzt-Freund schon da sei. Mir wurde gesagt, man wisse von nichts. Ich rief ihn dann an und informierte ihn, dass mein Sohn gerade drangekommen ist. Er antwortete mir, dass er sich um ihn kümmern wird, was er auch getan hat. Lars fühlte sich bei ihm sicher, er mag ihn sehr. Mein Arzt-Freund hat ein wahnsinniges Charisma und ist unglaublich toll. Ich bin froh, dass ich ihn jederzeit anrufen darf.

Nach zwei Stunden ging ich zum CT und fragte, ob ich zu meinem Sohn dürfe. Mir wurde gesagt, dass er im Aufwachraum sei, aber bald raus darf. Nach einer Stunde fragte ich wieder nach und durfte endlich zu Ihm. Er hatte sehr starke Schmerzen. Der eine Arzt, der den Eingriff gemacht hatte kam und erklärte uns, dass ein kleines Hämatom entstanden ist, aber sonst alles gut gelaufen sei. Nach zwei weiteren Stunden konnte mein Sohn endlich auf Station. Ich vergewissere mich, dass alles gut läuft und bemerkte, dass meine Kollegen superlieb und kompetent sind. Sie hatten alles im Griff. Ich ließ meinen Sohn allein zurück und fuhr nach Hause.

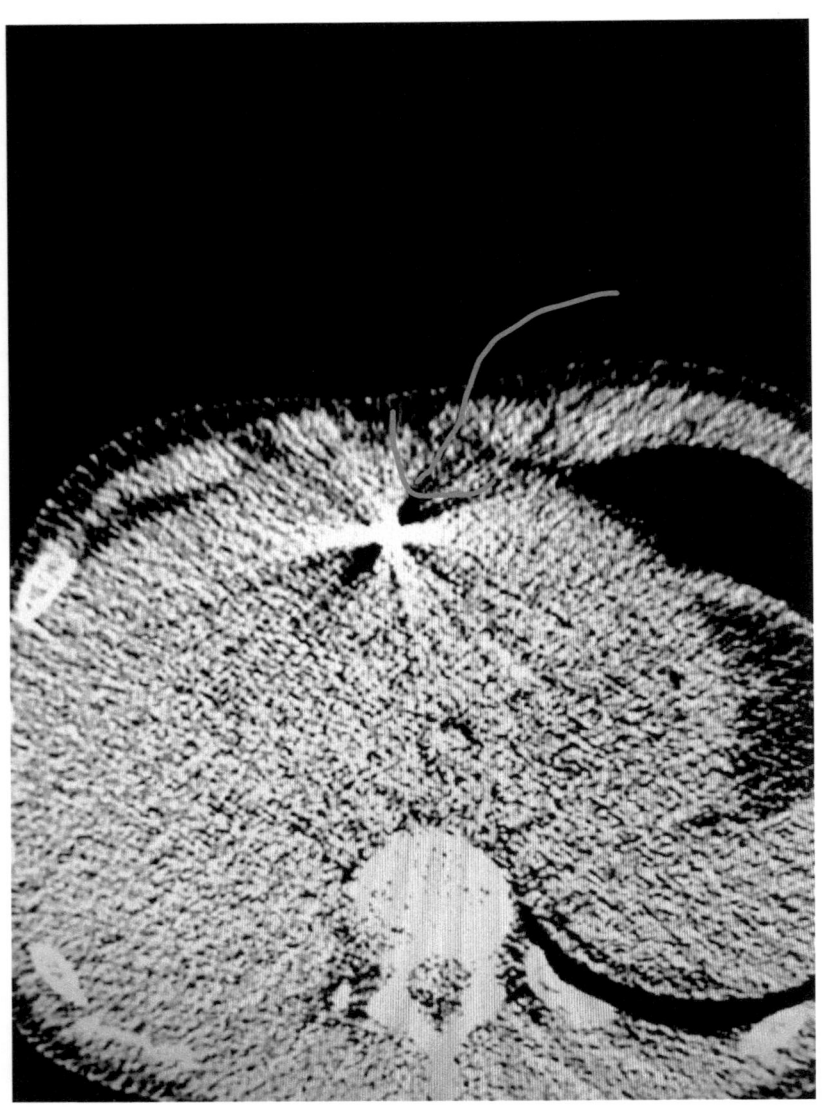

Mikrowellenbestrahlung in der Leber

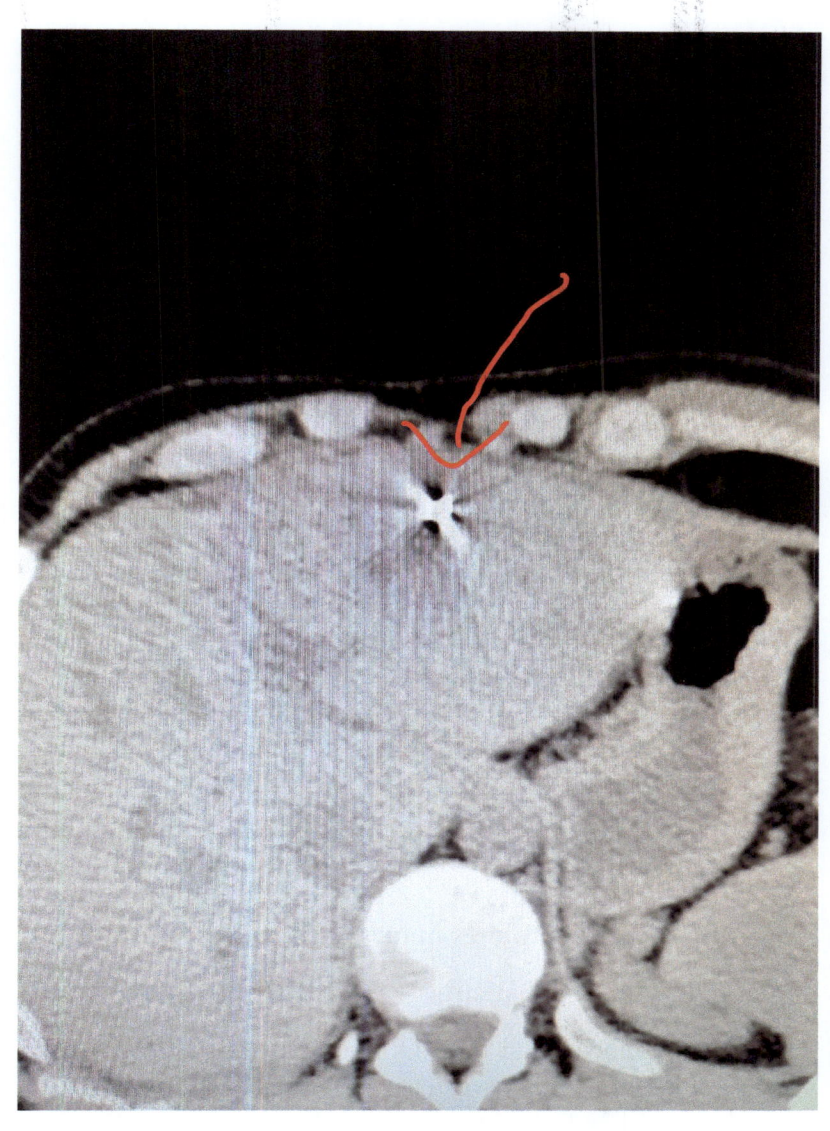

24.Dezember

Wir holten Lars ab, Kontroll-CT war gut. Er hatte starke Schmerzen. Ich dachte, die gehen sicher schnell wieder weg. Dr. Herzlich rief am Nachmittag noch an und fragte, ob alles in Ordnung sei. Ich sagte erst einmal ja, da ich dachte, es sei alles gut. Aber dem sollte nicht so sein. Dr. Herzlich gab mir seine Handynummer, falls ich Fragen haben sollte.

25.Dezember

Ich fuhr zu Lars, um ihn und seine Frau abzuholen, aber er saß da im Bademantel und hatte sehr starke Schmerzen in der Schulter. Ich sagte, das kann ja gar nicht sein, denn an der Schulter haben die ja nichts gemacht. Ich sagte ihm noch, dass er Schmerz-Tropfen nehmen sollte, und massierte ihn. Ich schaffte es, die beiden zu überreden, zu uns zu kommen. Wir fuhren zu uns nach Hause, aber ich merkte, das war ein Fehler, denn beide hatten starken Schmerzen. Seine Frau hatte vor ein paar Tagen eine OP am Knie und konnte nur schlecht laufen.

Wir haben gut gegessen und Geschenke ausgetauscht. Danach habe ich beide nach Hause gefahren, da sie sich kaum bewegen konnten vor Schmerzen.

Am nächsten Morgen war es immer noch nicht besser.

Am Sonntag auch noch nicht.

Am Montag schrieb ich dem Onkologen und berichtete ihm von meinem Sohn. Er antwortete, dass er direkt kommen solle, und ich in der Radiologie anrufen solle und den Sachverhalt schildern. Das tat ich und Lars konnte sofort kommen. Sofort nahm ich Blut ab und schicke ihn zu den Radiologen. Die machten nochmals ein CT und man sah, dass der Bluterguss doch recht groß ist. Daher die Schmerzen. Außerdem wurde das Zwerchfell ein bisschen verbrannt, das macht auch starke Schmerzen beim Atmen.

Er bekam Morphin und Novalgin für drei Tage, das half ihm endlich.

An Silvester ging es ihm endlich besser.

20.Januar.2021

Lars hatte heute wieder ein CT vom Thorax. Da wurde geschaut, was der kleine Punkt machte.

Der Befund war am Nachmittag noch nicht im System, und ich ahnte nichts Gutes. Donnerstag früh kam der Befund.

Nun waren plötzlich drei Punkte in der Lunge. Ich war schockiert und schrieb an den Onkologen. Ich rief meinen Sohn und meinen Mann an. Ich schrieb an die Ewing-Sarkom Zentrale in Hamburg. Ich telefonierte mit dem Arzt in der Radiologie. Er versprach mir, sich die Bilder anzuschauen. Als er dann zurückrief, gab es eine gute und eine mittelschlechte Nachricht. Die Gute, zwei von den drei Punkten sind die ganze Zeit schon da. Der eine kleine Punkt ist seit Juni 2018 vier Millimeter größer geworden. Er schlug ein Treffen vor. Ich sagte ihm, dass mein Sohn am 27.1. im Tumorboard vorgestellt werden würde. Wir haben einen Termin um 14 Uhr.

Es wurde vergessen, bei dem CT-Kontrastmittel zu geben. Das brauchen sie, um die Leber besser zu sehen. Lars hatte am 27.01. vor unserem Gespräch noch eine Darstellung der Leber.

27.Januar

Wir trafen uns mit Dr. Herzlich. Wie das letzte Mal, erklärte er uns freundlich alles ganz genau. Er nahm sich sehr viel Zeit und wir schauten uns die Bilder an, von 2018 die ersten Bilder bis zu denen von letzter Woche. Wir sprachen fast eine Stunde ausschließlich über die Lunge. Wir sahen auf den Bildern, dass wieder Punkte die ganze Zeit da sind und er meinte, dass es ganz selten auch einfach mal Lymphknoten sein könnten. Das gibt es nicht oft, aber die Möglichkeit bestehe.

Das andere Pünktchen im unteren Rand des Unterlappens ist zum letzten Bild von Dezember gleichgeblieben. Durch langes Suchen und hin und her schauen waren wir der Meinung, dass dieses kleine Pünktchen schon die ganze Zeit da war. Man kann es eigentlich erahnen, wenn man weiß, dass es da ist. Wir merkten bei diesem langen ausführlichen Anschauen der Bilder, wie aufwendig das alles ist. Es wurden Bilder von vier verschiedenen Aufnahmetagen angesehen und verglichen. Man musste dann auch immer die gleiche Stelle finden und die dann vergleichen, hier geht es wirklich um Millimeterarbeit. Eigentlich ein Wunder, dass man das Pünktchen überhaupt gefunden hat.

Zu guter Letzt sagten wir, dass wir noch schnell auf die Leber von heute schauen, um zu sehen, ob die Mikrowellen-Bestrahlung gut war. Er zeigte uns das Bild, und das Bild von vorher. Dabei sah man gut, dass alles tot ist. Innen drinnen und drumherum ist alles anders grau als auf dem Rest der Leber. Man sieht die Clips von der letzten Leber OP und die grauen

Veränderungen von der Bestrahlung. Er schaute nochmals kurz den Rest an und ...... uups. So ein Mist, wir hatten es auch gesehen. Da war schon wieder eine neue Metastase. Diesmal unten, in der Leberspitze. Wir waren alle drei erstmal sprachlos. Und jetzt? Dr. Herzlich telefonierte mit Dr. Best und teilte ihm die schlechte Nachricht mit, damit das im Tumorboard gleich mit besprochen werden kann. Er erklärte uns, dass da vielleicht irgendwo noch eine Zelle im Körper lebt, die ständig etwas losschickt. Er war sehr feinfühlig und bedacht mit seinen Worten. Ich war froh, dass er uns das so sagt und ich es nicht selbst im Befund lesen muss.

Nun stellt sich natürlich die Frage, wie man nun heran gehen sollte, die Metastase herausschneiden, zu brennen oder zu bestrahlen? Oder Chemo? Der Onkologe sagte, dass er meinen Sohn nach dem Board anruft, um Ihm alles zu erklären.

Lars rief mich am Abend an und erzählte mir, was Dr. Best ihm mitgeteilt hatte. Die Ärzte in Hamburg empfehlen eine Chemo. Die Ärzte hier wollen erst einmal abwarten und das „Ding" in der Leber untersuchen, ob es eine Mutation oder vom Primärtumor ist. Bei einer Mutation würde es eine Chemo geben. Die Hamburger meinten, dass die Metastase im Becken noch vital ist und ggf. dies alles verursacht. Unsere Ärzte sagten, dass vielleicht am Anfang der Erkrankung eine Zelle in die linke Lunge gewandert ist und die ganze Zeit brav war und nun weitere Zellen losschickt. Vielleicht ist es das Pünktchen in der Lunge. Die Thorax Chirurgen würden nach der Leber-OP das Ding aus der Lunge holen.

Das leuchtete uns ein. Wir empfanden das als sinnvoll und Lars wollte auch die Operationen.

28.Januar

Ich fragte eine gute Bekannte, die in der Leberchirurgie arbeitet. Sie machte für meinen Sohn gleich für den nächsten Tag einen Termin aus. Ich informierte den Onkologen und er telefonierte mit der Ärztin, um sie zu aktualisieren. Er sagte ihr, dass Lars unbedingt in der nächsten Woche operiert werden muss.

29.Januar

Lars hatte um 11:30 Uhr den Termin in der Leberchirurgie. Ich durfte nicht mit zum Gespräch, wegen der Corona-Maßnahmen.

Er bekam für den 04.02. einen Termin. Nun musste er noch bis 15 Uhr auf das Narkosegespräch warten. Das nervte ihn. Aber leider ist das eben so. In seiner Wartezeit kam zufällig der bekannte Narkose-Arzt vorbei. Er sagte dann gleich seinen Leuten Bescheid, dass er bei Lars die Narkose machen wird. Er fragte, warum ich ihn nicht angerufen hätte, er wäre doch da und ich hätte seine Nummer. Ich solle ihn bitte immer anrufen, wenn wir was brauchen. Mir ist das schon immer ein bisschen unangenehm, gute Kollegen anzurufen und um Hilfe zu bitten.

Ich bin allen so dankbar für die Hilfe und Unterstützung bei allem - ob mit Worten, oder auch mit Taten. Ich muss sagen, dass sich bisher fast alle, bei denen Lars in Behandlung war, unglaublich bemüht und großartiges geleistet haben. Ob Ärzte oder Schwestern. Jeder. Ich weiß gar nicht, wie ich mich bedanken soll. Ein einfaches kleines Danke reicht bei den meisten vielleicht nicht aus. Die Professoren, die sich so unglaublich viel Mühe gaben, um Lars zu helfen, auch dass alles recht flott vonstattenging. Wie soll ich das jemals wieder gutmachen. Das alles ist unbezahlbar. Es ist gut, dass ich in der Klinik arbeite und gute Kontakte habe.

Jeder, der das liest, sollte das wissen. Diese Ärzte und Schwestern, leisten Unglaubliches. Ich bin sehr dankbar für alles was sie für meinen Sohn getan haben.

Sie geben Hoffnung.

Man darf nicht aufgeben, Glaube und Hoffnung ist wichtig, um weiterzumachen.

Ich habe bisher sicherlich viele genervt und viele sind wahrscheinlich froh, wenn Lars geheilt ist, weil ich sie dann nicht mehr beanspruchen werde. Am meisten froh wird Lars sein, wenn er keine Krankenhausaufenthalte mehr ertragen muss.

31.Dezember

Mir geht nachts immer so viel im Kopf herum. Was ist, wenn nach der Leber-OP, drei Wochen später bei der OP an der Lunge festgestellt wird, dass schon wieder etwas in der Leber ist? Wird dann wieder operiert, oder bestrahlt? Irgendwann ist nicht mehr viel übrig von der Leber. Was ist, wenn nach der Leber-OP nächste Woche eine Bildgebung gemacht wird und dann wieder eine neue Metastase in der Leber entdeckt, wird noch bevor die Operation an der Lunge ist? Was dann? Wenn am Mittwoch das Becken im MRT uns zeigt, dass das Ding noch lebt, wird dann direkt wieder bestrahlt?

Ist es danach endlich durchgestanden? Hört es dann endlich auf? Wieviel Leid kann ein Mensch ertragen, bevor er durchdreht? Wie viele Vollnarkosen kann mein Sohn noch aushalten? Wie schlimm werden dieses Mal die Schmerzen nach der OP sein?

Ich hatte am Freitag eine Magen-Darm-Spiegelung, da ich seit Monaten Magenprobleme und auch immer schreckliche Bauschmerzen habe. Schaffe ich das? Am Donnerstag ist die Operation von meinem Sohn, kann ich da am Freitag zu einer Untersuchung gehen, oder soll ich das verschieben? Ich habe vor vier Monaten den Termin gemacht. Wenn ich das jetzt verschiebe, dann warte ich wahrscheinlich Monate auf einen neuen Termin. Aber ich könnte ja am Freitag für Lars sowieso nicht viel machen. Am Donnerstag arbeitete ich noch, da werde ich morgens Lars zur Operation begleiten und ihn gegen Mittag auf der Intensiv mal kurz besuchen. Mein lieber Arzt-Freund erlaubt das bestimmt.

Diese Fragen gingen mir seit 2:30 Uhr morgens durch den Kopf.

Ganz nebenbei ist immer noch Lockdown wegen Corona. Lars darf in der Zeit eigentlich keinen Besuch empfangen. Ich hoffte, dass ich trotzdem zu ihm darf.

Vor vier Tagen ist der Mann meiner Mutter die Treppe rückwärts hinuntergefallen. Er liegt auf der Intensivstation in der Uni Frankfurt. Er hatte Wirbelkörper gebrochen und sich skalpiert. Er musste operiert werden, zwei Wirbel wurden verschraubt. Der Arme war verwirrt und wusste gar nicht, was mit ihm geschieht. Meine Mutter war nun allein und musste überlegen, wie es weiter geht. Wohnung sichern, Treppen-Lift, Pflege für zu Hause. All diese Fragen sind wir gestern durchgegangen. Einen Fernseher ans Bett, damit er nicht mehr so viel Treppen laufen musste. Was alles kann man tun, um einen geliebten Menschen zu schützen, damit er nicht wieder stürzt.

Außerdem hat meine Freundin auch Krebs und wird nicht mehr lange leben. Was mache ich? Besuche ich sie heute mal wieder? Ich kann es kaum aushalten, dass ich mich nicht mehr normal mit ihr unterhalten kann. Sie war durch die Medikamente so weggetreten, dass ein normales Gespräch nicht mehr möglich war. Was sollte ich ihr erzählen? Sollte ich erzählen, wie scheiße mein Leben gerade verläuft? Ihr Leben war noch unerträglicher. Ihr Zustand verschlechterte sich von Woche zu Woche. Was sollte ich ihr erzählen? Ich hatte nichts Positives zu berichten. Ich schaffte es auch nicht mental, mit ihr ihre Beerdigung zu planen. Das hatte sie mich vor Monaten schon gefragt, da sagte ich Ihr, dass ich das nicht könne. Ist das falsch? Hätte ich Ihr helfen müssen? Ich hoffe, sie ist mir deswegen nicht böse.

Ich bin leer.

18.Februar

Lars hatte heute seine Operation an der Lunge.

Ich bin nervös wie immer, aber ich habe schon mit der Station gesprochen, auf die Lars kommt. Meine frühere Leitung ist da zuständig. Ich begleitete Lars auf die Station und durfte bei ihm sein. Das ist unter Kollegen selbstverständlich. Ich durfte so lange bleiben, wie ich wollte. Leider sonst niemand wegen Corona-Ansteckungsgefahr. Ich begleitete Lars in den OP und war da, als er aus dem OP zurückkam. Es lief alles gut, er hatte aber wie immer starke Schmerzen.

20.Februar

Lars ging es wieder recht gut, inzwischen hatte er nur noch Rückenschmerzen von dem Bett.

Er will nach Hause, die Ärzte wollten ihn erst am Montag entlassen. Am Sonntag hielt Lars es nicht mehr aus und machte alle verrückt. Ich sprach mit den Kollegen und konnte ihn mitnehmen. Ich fuhr ihn nach Hause zu seiner Frau. Sie hatte ihm gefehlt. Ich habe dann montags den Arzt-Brief abgeholt auf der Station und nochmals mit den Ärzten gesprochen. Die waren alle sehr nett und verständnisvoll.

22.Februar

Ich schrieb an die beiden behandelnden Ärzte von Lars eine E-Mail mit der Frage, ob das Material in Heidelberg untersucht wurde und was dabei herausgekommen ist.

Sie riefen Lars an und erzählten ihm, dass bei der Untersuchung noch drei verschiedene Optionen rausgekommen sind und die wir im Rücken haben, falls noch mehr Metastasen kommen. Leider gehen sie davon aus, dass noch welche kommen werden.

26.Februar

Meine Freundin kam erneut auf die Palliativstation. Weihnachten und Silvester durfte sie zu Hause verbringen, doch jetzt ging es einfach nicht mehr. Ich ging nach der Arbeit direkt zu Ihr. Sie freute sich sehr, dass ich sie besuchte. Sie sagte zu mir: "War es das jetzt wirklich? Ich wollte noch so viel machen und ich will noch nicht sterben. Aber ich weiß, das ist die letzte Station. Hier geht es zu Ende."

Mir liefen die Tränen übers Gesicht ohne, dass ich es merkte. Sie wischte mir die Tränen weg und wir nahmen uns in den Arm und hielten uns lange fest.

Ich besuchte sie jeden Tag. Am 3.3. war sie sehr verwirrt und fand keine Ruhe mehr. Ihr Herz raste. Sie konnte nicht liegen bleiben, sie wollte nicht liegen bleiben. Sie will immer wieder den Autoschlüssel von Ihrem Mann haben und nach Hause fahren. Sie bekommt etwas zur Beruhigung, die Kollegen sagten, das ist leider normal bei sterbenden Patienten in dem Alter.

Am 5.3. wusste ich, das ist heute sicher das letzte Mal. Sie war nicht mehr anwesend. Ich umarmte sie und wünschte ihr im Himmel alles Gute. Ich sagte ihr, sie solle loslassen und uns alle von oben beschützen. Ich sagte ihr, sie soll dem Licht folgen und frei sein, ohne Schmerzen und ohne Leid. Ich ging weinend nach Hause.

6. März

Katrin ist gestorben.

19. März

Lars hatte ein MRT von der Leber. Da war alles gut.

22. März

Die Kneipen dürfen draußen wieder öffnen. Der Lockdown geht zu Ende.

Meine Tochter hat unter dem Lockdown sehr gelitten. Solange keine Schule, kaum soziale Kontakte, wenn dann nur Online. Fast keinen Online-Unterricht nur Aufgaben die sie in der „Lernumgebung" reinstellen sollte, ohne viel Erklärungen. Lehrer sind schon, wie ich finde, nicht die fleißigsten Menschen.

26. März

Heute ist die Beerdigung von Katrin.

Es ist einfach schlimm. Ich bin unendlich traurig. Es zerreißt mich. Ich kann kaum aufhören zu weinen. Ich vermisse meine Freundin sehr.

Nach der Beerdigung wurde ich angerufen und gefragt, ob ich eine Corona-Impfung haben will.

Ich fuhr in die Klinik und wurde mit Astra geimpft. Noch in der Nacht hatte ich hohes Fieber und lag flach. Samstag und Sonntag verbrachte ich mit Fieber im Bett. Montag meldete ich mich krank, da ich morgens noch mal 38,8 Temperatur hatte. Montag hieß es, dass Astra nicht mehr für Menschen unter 60 Jahren zugelassen sei. Na Prima, dachte ich.

31. März

Lars hatte heute ein CT von der Lunge, es war alles ok.

Auch ein Kontroll-MRT von der Leber.

Es war alles gut.

11. Juni

Ich bekam meine zweite Impfung mit Biontech. Auch dieses Mal bekam ich noch in der Nacht hohes Fieber bis 39,8 Grad und musste wieder drei Tage im Bett bleiben.

18. Juni

Lars hatte ein CT. Leider wurde wieder eine Metastase in der Lunge festgestellt. Ich schaute mir die Bilder mit einem Freund an. Wir sahen, dass diese Metastase schon im März da war und anscheinend übersehen wurde.

Ich schrieb wieder eine Mail an Dr. Best.

Ich machte direkt einen Termin beim Lungen-Chirurgen. Lars bekam einen OP-Termin noch in der folgenden Woche.

Ich rief dann wieder meinen Narkosearzt an und er kümmerte sich darum, dass der Schmerzdienst kommt und dass Lars eine gute Narkose bekommt. Er kam wieder auf die Station, auf der er das letzte Mal schon war und ich durfte direkt nach der OP zu ihm, seine Frau auch.

Auf der Station waren wieder alle Kollegen sehr lieb und einfühlsam. Meine Schwiegertochter und ich waren da, als Lars aus dem OP kam. Ich wirbelte gleich schon um ihn herum und fing an, einfach zu arbeiten, als würde ich dort tatsächlich arbeiten und hängte die Drainage ans Bett. Die Kollegin stellte den Infusions-Ständer auf und befestigte den Schmerz-Perfusor. Ich wollte schon eine Braunüle ziehen, weil sie Lars in der Hand so weh tat. Er hatte auch zwei nebeneinander. Die Kollegin streichelte meine Hand und schob mich sanft zur Seite. Ich verstand, was sie meinte, und hielt mich zurück. Ich stellte mich in die Ecke und wartete, bis sie fertig waren. Sie haben mich verstanden und meine Angst gesehen. Sie haben Lars perfekt betreut.

Ich blieb eine Weile bei Lars, auch seine Frau durfte bleiben. Ich versorgte Lars täglich mit Essen und es ging ihm diesmal sehr schnell recht gut. Er durfte am vierten Tag nach Hause, da er fit war. Wir freuten uns auch alle auf unseren gemeinsamen Urlaub. Im Urlaub sollte ich dann Fäden an der Wunde ziehen. Das ist auch normalerweise kein Problem für mich.

Marie bekam ihre erste Corona-Impfung.

17. Juni

Wir flogen alle zusammen in den Urlaub. Lars mit seiner Frau und Ihrem Sohn. Mein Mann, Marie und ich. Ich freute mich riesig.

Wir flogen am Samstagmorgen, Lars und seine Frau mit meinem Enkel hatten den Abend-Flug. Abends gingen wir zusammen etwas essen und hatten viel Spaß. Es war so schön, dass wir alle zusammen sein konnten. Am nächsten Morgen gingen wir zum Frühstück. Mein Enkel war schon ganz aufgeregt, er wollte endlich ins Wasser.

Wir verlebten einen wunderschönen Strandtag. Ich hatte auch genug Wasserschutzpflaster und 100er Creme dabei, damit Lars ins Wasser konnte. Am Abend stellten wir fest, die 100er Creme hätte auch meine Schwiegertochter gebraucht. Sie hatte sich das Dekolletee verbrannt.

Am zweiten Tag sollte ich bei Lars die Fäden ziehen. Ich schaute mir die Wunde an und war der Meinung, dass wir lieber noch zwei Tage warten sollten. Zwei Tage später fing ich dann an, die Fäden zu ziehen. Da klaffte die Wunde ein Stück auf.

Zum Glück hatte ich Klammerpflaster-Streifen dabei, diese klebte ich drüber. Den letzten Faden lies ich drinnen. Ich konnte Ihn auch nicht richtig zu fassen bekommen. Er war ein Stück eingewachsen.

An der Rezeption gab ich Bescheid, dass wir einen Arzt für die Wundversorgung brauchten.

Am nächsten Tag kam der Arzt und wir mussten uns auf Englisch verständigen. Das funktionierte einigermaßen. Wenn ich ein bisschen aufgeregt bin ist meine Grammatik eine Katastrophe. Aber der Arzt verstand uns. Er zog den Faden und desinfizierte die Wunde. Die Wunde klaffte nicht mehr auseinander. Alles sah gut aus und war sauber. Außerdem gab er sein „ok", um am nächsten Tag ins Meer zu gehen.

Das kostete uns 100 Euro.

Der restliche Urlaub verlief sehr entspannt und wunderschön. Wir hatten viel Spaß und lachten viel. Ich war jeden Morgen mit meinem Enkel allein Frühstücken und wir gingen dann auch alleine zum Strand, denn alle anderen wollten schlafen.

24.September

Lars hatte ein CT und ein MRT. Noch am gleichen Tag waren die Befunde im System. Zuerst das CT, das von der Lunge ist. Dort war alles gut. Ich war so froh, hatte aber irgendwie einen „Knoten" im Magen. Kurz vor Feierabend schaute ich nochmals nach, ob der Befund vom MRT da ist. Er war da. Mir wurde schlecht, ich konnte kaum atmen. Warum nur, warum? Eine neue Metastase in der Leber, die schon 25x18 mm groß ist. Ich schrieb eine Mail an Dr. Best. Ich informierte Lars und schrieb meiner Kollegin in der Leberchirurgie. Lars bekam für Dienstag einen Termin. Er ging am Dienstag mit seiner Frau zu dem Gespräch. Als sie danach bei mir vorbeikamen und mir erzählten, dass sie noch keinen Termin bekommen haben, weil die Ärztin das erst noch besprechen müsse. Außerdem sei das nicht der richtige Weg, dass ich den Termin ausgemacht hatte, das müssten die Onkologen machen. Wenn ich dabei gewesen wäre, dann hätte ich ihr gesagt, dass durch diese vielen Schritte wertvolle Zeit vergeht und die Onkologen sowieso damit einverstanden sind. Schließlich habe ich denen auch eine E-Mail geschrieben und sie über alles informiert. Die Ärztin sagte, dass sie sich in den nächsten zwei Tagen melden würde und Lars dann den OP-Termin gibt. Am Freitag früh hatte sie sich noch nicht gemeldet. Ich habe ihr eine E-Mail geschrieben und ihr nochmals klar gemacht, wie wichtig ein zeitnaher Termin ist, weil das Ewing-Sarkom eben sehr schnell wächst und man da keine Zeit verlieren darf. Sie hat Lars dann noch am Freitag angerufen und er bekam den Termin.

08. Oktober

Heute war wieder stationäre Aufnahme. Ich wusste noch vom letzten Mal, dass die Kollegen auf der Station nicht möchten, dass ich die Station betrete. Während Corona haben die den Plan gemacht, dass nur eine Person für eine Stunde zwischen 15 und 18 Uhr kommen darf. In den Augen der Kollegen war ich keine Kollegin, sondern nur eine Besucherin. Ich hatte mir extra frei genommen und so trafen wir uns morgens um 06:45 Uhr vor der Klinik. Wir liefen zusammen zur Chirurgie und warteten vor der Anmeldung. Dort saß eine ehemalige Kollegin von mir. Wir warteten erst kurz, da fällt Lars' Frau ein, dass sie keinen Schlüssel hatte und wieder auf dem Rückweg sei. Ich lief wieder zum Haupteingang, um ihr den Schlüssel zu bringen. Um 07:30 Uhr war ich wieder bei Lars und er wartete noch immer. Ich ging zu meiner Kollegin und erfahre, dass der Corona-PCR-Test vom Vortag verschwunden ist. Sie sagte, dass Lars einen neuen Termin braucht. Ich fragte sie weshalb? Wir in meiner Abteilung machen einen Schnelltest und einen PCR-Test, bis die OP vorbei ist, ist der PCR-Test fertig. Sie sagte, dass machten sie so nicht. Das darf doch nicht wahr sein. „Ihr müsst doch eure Fehler wieder aus- bügeln", meinte ich. Nein, das machten sie nicht. Sie sagte mir, dass die Kollegen in der Notaufnahme den PCR-Test nach einer Stunde fertig haben. Ich könnte doch da mal fragen. OK, das versuchte ich und wir liefen zusammen dort hin. Die Kollegen in der Notaufnahme sagten mir, der betreffende Chefarzt oder Oberarzt müsse bei ihnen anrufen. Außerdem muss ich den Test, also das Röhrchen und den Schein mitbringen. Den Test sollte schon gemacht sein. Also gut, wir gingen wieder zurück und gaben meiner Kollegin Bescheid. Die informierte die Oberärztin und in der Zwischenzeit machte ich den Test bei Lars. Wieder liefen wir in die Notaufnahme und gaben den Test ab.

Es wurde uns dann gesagt, dass es ca. eine Stunde dauert. Wir gingen rüber zu meinen Kollegen. Dort setzten wir uns in den Aufenthaltsraum. Als ich das alles meinen Kollegen erzählte, gab es nur Kopfschütteln.

Nach einer Stunde gingen wir noch kurz in die UCT-Ambulanz und Lars ließ sich den Port anstechen. Über die Notaufnahme gingen wir dann mit dem Ergebnis zurück in die Chirurgie. Ich brachte Lars hoch auf die Station. Inzwischen war es halb elf. Ich wartete extra draußen vor der Station. Lars kam zurück und holte seine Tasche, ich durfte natürlich nicht hinein. Mit absolutem Unverständnis akzeptierte ich das und ging an die frische Luft. Kurz nach 12 Uhr erfuhr ich von Lars, dass es jetzt los geht. Ich stellte mich vor den OP. Nach 15 Minuten kam Lars und ich ging mit in die OP-Schleuse. Für die Kollegen dort, ist das völlig OK. Lars musste noch warten, es dauerte noch 45 Minuten. Als er dann auf dem OP-Tisch lag, ging ich heim. Mir wurde gesagt, dass sie mich oder meine Schwiegertochter anrufen, wenn die OP vorbei ist.

Am Nachmittag telefonierte ich mit meiner Schwiegertochter, aber sie hat auch noch nichts gehört. Um 18 Uhr rief ich selbst im OP an. Dort hatte ich eine nette Kollegin am Telefon, die mir Lars ans Telefon gab. Nach einem kurzen Gespräch bin ich froh, dass er erst einmal alles soweit ganz gut überstanden hat. Er blieb die Nacht im Aufwachraum. Ich gab direkt seiner Frau und meinem Mann Bescheid, auch meine Kleine und meine Mutter informierte ich.

Lars bekam zur späten Stunde sein Handy gebracht. Nun konnte er selbst mit seiner Frau sprechen. Morgens telefonierten wir, er hoffe, dass er bald auf die normale Station kommt. Leider dauerte das bis mittags gegen 13 Uhr. Seine Frau besuchte ihn dann am Nachmittag. Als sie um fünf Minuten vor drei Uhr ankam, wurde sie zurechtgewiesen, dass erst um 15 Uhr Besuchszeit sei und sie so lange warten muss. Fünf Minuten später konnte sie dann zu Lars. Warum diese Kollegen so kleinlich sind, ist unverständlich. Wahrscheinlich wollten sie sich schon immer mal groß fühlen und können das nur, wenn sie andere durch Regeln zurechtweisen. Ob diese Regeln sinnvoll sind oder nicht. Mir blieb nur das Telefon. Für mich war das schon sehr hart.

Auch am Montag, als ich ganz normal auf der Arbeit war, bin ich nicht zu Lars gegangen. Dienstag bettelte er, hinzudürfen. Aber die Blutwerte waren nicht so gut, die Entzündungszeichen waren gestiegen. Somit darf er definitiv nicht nach Hause. Er hatte auch Abführprobleme von den starken Schmerzmitteln. Er bekam einiges an Abführmitteln, aber nichts hatte ihm geholfen. Wir trafen uns um 11 Uhr in der Halle, weil ich ihn mal sehen wollte und meine Schwiegertochter hatte heute auch einen Termin bei den Unfallchirurgen. Wir begegneten seiner Frau und auch zufällig meinem befreundeten Arzt. Er schaute sich Lars an und sagte lächelnd, dass ich ja wohl immer da bin und alles im Blick hätte. Wir verneinten das und erzählten ihm, dass ich Lars nicht besuchen darf. „Das gibt's ja gar nicht, Mitarbeiter und Mutter, natürlich dürfen Sie das, ich kläre das," sagte er. Es war eigentlich gar nicht meine Absicht, aber er hatte das Telefon schon in der Hand und lief weiter, ohne dass ich noch etwas dazu sagen konnte. Kurz danach baute Lars ein bisschen ab und ich brachte ihn hoch auf die Station. Als wir oben ankamen, rief ich eine Kollegin und sagte ihr, dass es Lars schlecht ginge und er sich vielleicht übergeben müsse. Die Kollegin reagierte sofort und holte eine Schale und eine zweite Kollegin kam hinzu. Sie verabschiedeten mich. Als ich sagte, ich sei doch die Mutter und eine Kollegin, sagte die eine ganz spitz: "Wir wissen, wer sie sind!"

Ich ging mit den Worten: "Bis später."

Um 13 Uhr ging ich nochmal auf die Station, ich wollte kurz sehen, wie es Lars ging. Ich kam dort an, ein Pfleger baute sich vor mir auf und fragte, was ich wolle. Ich sagte, dass ich kurz zu Lars möchte, weil es ihm vorhin ja nicht so gut ging. Er sagte einfach: "Nein, Besuchszeit ist um 15 Uhr! Eine Person, eine Stunde." „Ich bin doch eine Kollegin, ich bin eine von Euch, ich möchte nur kurz fünf Minuten zu ihm und kurz sehen, wie es ihm geht. Später käme mein Mann, da kann ich ja auch nicht kommen", versuchte ich es. Er sagte aber wieder: "Nein, das geht erst zur Besuchszeit um 15 Uhr, sprechen sie sich besser ab."

Ich: „Das ist doch Unsinn, ich bin Kollegin, jeder Transporter, jede Physiotherapeutin, jeder Arzt kann hier über die Station in die Zimmer, nur ich darf nicht? Ich will doch nur fünf Minuten, dann bin ich wieder weg. Ich muss schließlich auch arbeiten, ich kann gar nicht viel länger bleiben", versuchte ich es noch einmal. Dann kam die Stationsleitung und fragte, was mein Problem sei. Ich sagte wieder, dass ich bitte zu meinem Sohn möchte, nur für fünf Minuten. Auch sie sagte etwas von festen Regeln. Ich solle am Nachmittag kommen. Am Nachmittag kann ich nicht kommen da mein Mann kommt und Essen für Lars bringt. Sie sagte mir, dass wir uns dann eben besser absprechen müssten. Das war dann zu viel für mich! Mir reichte es und ich konnte nicht anders und sagte: „Wie kann man nur so böse zu Kollegen sein? Ihr seid eine herzlose Miststation. Ihr seid sowas von schrecklich. Mein Arzt-Freund hat mir erlaubt, dass ich zu meinem Sohn darf!" Die Kollegin wusste nicht, wer mein Arzt Freund ist. Sie schlug mir vor, dass wir das bei ihrem Chef klären. Wir gingen zum Chefbüro. Der Chef kam nicht heraus, ich wusste schon von Erzählungen, dass er so etwas hasst. Dafür kam die Oberärztin und sagte mir, ich solle mich beruhigen, denn ich wurde immer lauter. Auch die Stationsleitung sagte mir, ich solle doch jetzt mal aufhören so emotional zu sein. Inzwischen weinte ich auch, mehr vor Wut und Enttäuschung. Ich sah der Kollegin direkt in die Augen und fragte: „Was glaubst du wie es mir geht? Mein Sohn hat seit drei Jahren Krebs, einen der schlimmsten Sorten, die es auf dieser Welt gibt, er hat dieses Jahr die fünfte OP, es ging ihm vorhin schlecht. Ich darf nicht zu Ihm, wegen unsinniger Regeln. Es gibt keine Station in dieser Klinik, die so böse zu Kollegen ist wie deine. Auf jeder Station durfte ich zu meinem Sohn, während der schlimmsten Corona-Tage. Das war für die Kollegen dort selbstverständlich, dass ich als Kollegin dort sein durfte. Auch wenn es manchmal nur 5 Minuten waren. Ich halte mich ja an die Corona Regeln. Ich durfte meinen Stiefvater besuchen, als er bei uns lag, auch auf Intensiv durfte ich kurz nach ihm sehen. Meine Mutter durfte in der Notaufnahme kurz nach ihm sehen, das war kein Problem. Nur auf dieser Station wird völlig übertrieben. Man kann auch Herz zeigen und Kollegen mal kurz zu Ihren Angehörigen lassen. Ich will ja nicht den Tag dort verbringen."

Die Kollegin war still, sie sagte nichts mehr.

Die Oberärztin sprach mit dem Chef und als sie wieder kam, sagte sie: „Also gut, Ihr Arzt-Freund hat es erlaubt, was allerdings gegen unsere Regeln ist. Sie müssen jetzt entscheiden, ob sie sich gegen unsere Regeln stellen und ihren Sohn besuchen. Sie könne nicht gegen den Willen von meinem Arzt-Freund entscheiden, wenn der was sagt, wird das gemacht". Ich drehte mich um und sagte: „Ich gehe zu meinem Sohn!"

Ich ging hocherhobenen Hauptes an allen Kollegen vorbei. Die Tränen, die mir das Gesicht runter liefen, spürte ich kaum. Ich war aufgewühlt und erzählte Lars, was passiert war.

Er sagte nur: "Ach Mama, reg dich doch nicht so auf, das ist es nicht wert." Ich hätte ihn knutschen können. Er hatte damit so Recht. Aber es fiel mir so schwer mich nicht aufzuregen. Da ich doch meinen Sohn so sehr liebe und dass ich einfach nur wissen will, wie es ihm geht, besonders wenn ich mitbekommen habe das es ihm nicht so gut geht.

Ich tätschelte ihn noch ein bisschen und nach fünf Minuten ging ich wieder kerzengerade an allen Kollegen vorbei. Mir wurde „Auf Wiedersehen" zugerufen, darauf antwortete ich nur: „Und Tschüss!"

Ich kam bei meinen Kollegen an und setzte mich zu einer meiner Freundinnen ins Büro. Ich weinte erst einmal sehr lange und konnte mich kaum beruhigen. Meine Ängste der letzten

Tage kamen jetzt zutage. Sie fragten direkt, was passiert sei? Auch einer meiner Oberärzte kam zufällig ins Büro und fragte was passiert sei. Ich erzählte es. Mein Oberarzt war schockiert, noch ein Oberarzt, kam herein, auch er sagte, dass das nicht nachvollziehbar sei. Sie haben dann wohl noch einen meiner Chefs informiert, der kam dann noch zu mir und sagte, dass er da angerufen hat und auf den Rückruf warte. Er sagte mir das sei nicht legitim. Meine Leute gaben mir mal wieder Halt. Ich liebe meine Kollegen. Sie verstehen mich und geben mir Rückhalt. Ich habe einen großartigen Chef, nein zwei großartige Chefs. Meine Pflegechefin ist in der Hinsicht auch großartig. Sie hatte, was meinen Sohn angeht, immer Verständnis und fragte mich auch immer wieder nach ihm und fragte mich, wie es mir ginge.

Der Chef hatte meinen Chef nicht mehr angerufen. Lars wurde am nächsten Tag entlassen. Ich wollte eigentlich noch eine E-Mail dazu schreiben, aber ich habe es dann doch gelassen. Außer Ärger würde die Mail ohnehin nichts bringen, und wer weiß, wie oft Lars evtl. noch operiert werden muss. Ich will es mir nicht komplett verscherzen. Sie wissen jetzt, dass ich einige Profis auf meiner Seite habe, die mich unterstützen und mir Rückendeckung geben. Und ich hoffe, sie haben es sich gemerkt.

Noch mehr hoffte ich, dass jetzt Schluss ist mit dem scheiß Krebs.

10.Dezember

Lars hatte ein CT von der Lunge. Er kam wie immer bei mir vorbei und ich legte ihm eine Nadel für das Kontrastmittel. Ich hoffte so sehr, dass dieses Mal alles gut ist. Das wäre ein großartiges Weihnachtsgeschenk. Ich hatte eigentlich ein gutes Gefühl, aber trotzdem auch etwas Angst. Leider war am Nachmittag der Befund noch nicht im System. Das Wochenende war ich viel unterwegs und dachte nicht viel darüber nach. Am Montag schaute ich im Dienst dann direkt im PC nach, ob der Befund schon da ist. Der Befund war da und mir wurde schlecht. Es war schon wieder etwas in der Lunge zu sehen, eine Verschattung, es könnte ein Tumor sein, es könnte aber auch etwas anderes sein. Sie sind sich nicht sicher. Das machte mich fertig. Ich kämpfte gegen meine Tränen an. Ich startete meinen Arbeitstag. Ich las nochmals den Befund und habe Lars angerufen und ihm erzählt, was dort stand. Er sagte: das heißt ja noch nichts Mama! Wir warteten auf das MRT am Freitag und das Gespräch mit Dr Best am 21.12."

17.Dezember

Lars hatte das MRT. Der Befund war gegen Mittag schon im System. Keine suspekten Läsionen (Veränderungen) zu sehen. Ich war sehr froh darüber. In der Leber war noch eine Blutung zu sehen, die ist aber nicht neu und deshalb nicht so schlimm.

20.Dezember

Lars berichtete mir am Telefon, dass der Arzt ihm geschrieben habe. Er würde nicht denken, dass das in der Lunge eine Metastase sei. Er schlägt eine Kontrolle vor im Januar.

19. Januar 2022

Lars hatte ein Spezial-CT von der Lunge.

Er hatte runde Punkte in der Lunge, die aber gewandert sind. Es war unklar, ob das Metastasen sind.

14.März

Lars hatte wieder CT und MRT. Alles sieht gut aus. Keine neuen Metastasen.

Lars' Nieren sind aktuell bei Stadium zwei. Das heißt Niereninsuffizenz 2. Grades, die Nieren arbeiten nicht mehr richtig. Er war bei den Nierenspezialisten, nun musste er ein Medikament nehmen, das hat als Nebenwirkung niedrigen Blutdruck, deshalb sollte er täglich seinen Blutdruck messen und Tagebuch führen.

24.Mai

Wir feiern meinen 50 Geburtstag sehr groß.

Ich hatte auf der Arbeit alle meine Kollegen eingeladen. Ich hatte sehr viel Essen zubereitet, mit der Hilfe meines Mannes.

Lars und meine Schwiegertochter halfen mir, morgens alles auf die Arbeit zu bringen. Wir belegten 60 Brötchen und stellten drei Torten, sowie Salate und noch so einiges auf. Es kamen sehr viele Kollegen vorbei und feierten mit mir. Auch meine beiden Chefs kamen vorbei. Das ehrte mich sehr. Der eine übergab mir einen Blumenstrauß und der andere sang mir ein Ständchen. Das „flashte" mich total. Es kamen sehr viele Kollegen und gratulierten mir, ich war sehr gerührt von allen Geschenken und Umarmungen. Das Essen war komplett aufgegessen.

16.Juni

CT und MRT stehen an. Ich hatte vorher schon eine Mail an Dr. Best geschrieben, dass auch wieder die Jahreskontrolle für Lufu und Herzschall sei und er das doch bitte anmelden soll. So hatte Lars wieder einige Untersuchungen.

Leider war im CT etwas zu sehen. Eine Metastase, wahrscheinlich vom Lymphknoten, zwischen Herz, Speise- und Luftröhre. Wieder einmal war ich erschüttert. Ich schrieb direkt an Dr. Best. Er nahm Lars' Fall auch wieder direkt mit in das Tumorboard.

Ich rief Lars an und sprach mit einem Freund „J" aus meiner Abteilung. Der baute mich wieder ein bisschen auf. Ich fühle mich leer.

Dr. Best rief am nächsten Tag an und teilte Lars mit, dass nur bestrahlt werden kann, er bekam die Woche drauf einen Termin bei den Radiologen. Ich ging zu Dr. Herzlich und bat ihn, mir die Bilder zu erklären. Er nahm sich die Zeit. Er war so lieb und erklärte mir wieder einmal alles und gab mir Hoffnung.

27.Juni

Wieder wurde Lars für die Bestrahlung vermessen. So viel Zeit war schon wieder vergangen. Hoffentlich war das blöde Ding nicht noch wo anders hingewandert in der Zeit.

Lars hatte ein Gespräch mit Dr. Best, der erklärte, dass er keine Chemo bekomme, sondern ein Medikament, das den Krebs aufhalten soll. Das sollte er mindestens fünf Jahre nehmen, wenn er es verträgt und es wirkt, auch länger. Dieses Medikament muss aber von der Krankenkasse alle drei Monate neu genehmigt werden. Hoffentlich würde das funktionieren.

07.Juli

Erste Bestrahlung. Lars hatte nur fünf Termine. Es läuft gut. Er hat erstmal keine schlimmen Nebenwirkungen.

17.Juli

Lars hatte Schluckbeschwerden die wahrscheinlich von der Bestrahlung waren. Nicht oben im Hals, sondern tiefer an der Bestrahlungsstelle. Flüssiges geht gut, aber feste Nahrung tut weh.

Ich sagte ihm, er solle Kühles essen und Öliges, dann wird es vielleicht schnell besser.

Wir sprachen auch über Familienplanung. Er und seine Frau sind sich sicher, keine eigenen Kinder zu bekommen. Er möchte zum einen nicht, dass seine Kinder oder Enkel auch Krebs bekommen und zum anderen sind seine körperlichen Einschränkungen zu groß. Damit könnte er seine Kinder nicht lange tragen oder mit Ihnen toben. Außerdem weiß er, dass er nicht so alt werden wird. Ich musste mich an dieser Stelle mal wieder zusammenreißen, um nicht zu weinen. Ich sagte Ihm noch dass es Menschen gibt die auch körperlich eingeschränkt sind und trotzdem Ihre Kinder groß ziehen können. Aber letzten Endes ist das nicht sein Hauptproblem. Das macht mich sehr traurig.

18.Juli

Ich schrieb Dr. Best und erzählte ihm, dass Lars Schluckbeschwerden hat. Er sagte, dass Lars das Medikament erst nehmen darf, wenn die Beschwerden weg sind.

22.Juli

Lars rief mich an und sagte, dass er ein bisschen Blut im Stuhl hatte. Ich versuchte das sachlich anzugehen und fragte ihn, wie das Blut aussähe, hell oder dunkel. Als er sagte, dass es helles Blut ist, war ich erst einmal erleichtert.

Ich sagte ihm, dass er ins Krankenhaus müsse, sollte er nochmals bluten. Ansonsten schien es harmlos.

So war es zum Glück dann auch.

01.August

Lars kann endlich mit dem Medikament anfangen.

05.September

Lars seine Blutwerte sind eine Katastrophe. Ein Leberwert ist zu hoch, deshalb die gelbe Hautfarbe und seine Schilddrüsenwert ist auch viel zu hoch. Die Müßigkeit kommt wahrscheinlich davon. Er muss das Medikament (Carbozantineb) pausieren. Seine Haut schimmert gelb, und er hat auch extreme Bauchschmerzen sowie Durchfall. Seine Haare werden weiß und grau.

12.September

Seine Blutwerte wurden besser aber noch nicht gut. Das Medikament kann noch nicht gegeben werden. Wir müssen nochmal ein paar Tage warten. Lars hat Angst das in der Zwischenzeit wieder Metastasen wachsen.

16.September

Blutwerte sind wieder ok, Er durfte am 19.09 das Medikament weiter nehmen in einer niedrigeren Dosis. Er ist komplett ergraut, bzw seine Haare sind teilweise auch weiß. Auch seine Haut wirkt heller und somit sieht er sehr blass auch. Dieses Medikament zerstört die Farbstoffe im Körper. Auch von den roten Blutkörperchen nimmt es die Farbe. Es wird weitergehen. Ich hoffe das es meinem Sohn mit der niedrigeren Dosis besser geht und er es lange nehmen kann und damit die Krebszellen sterben.

Vielen Dank, dass Sie mein Buch gekauft und gelesen haben.

Ich möchte an dieser Stelle nochmal meinen Dank an alle richten, die uns in dieser Zeit zur Seite gestanden haben.

Ich möchte den Kollegen danken, die meinen Sohn behandelt haben und ihm geholfen haben, das alles durchzustehen.

Die Ärzte aus der UCT, die Schwestern aus der UCT, Ihr seid einfach alle Klasse. Vielen Dank. Danke, dass Ihr bei mir immer die Nerven behalten habt. Danke, dass Ihr für meinen Sohn immer da wart und seid.

Danke an alle meine direkten Kollegen. An meine beiden Chefs, meine Chefin. Danke, dass Ihr mir alle, Halt gegeben und Ihr zu mir gestanden habt. Ihr mir Zeit gegeben habt, mit der Situation klarzukommen. Danke, dass Ihr immer noch fragt, wie es mir geht und wie es meinem Sohn geht.

An meine Kollegen aus alten Zeiten in der Chirurgie. Danke, dass ihr Ruhe bewahrt habt.

Danke an die Intensivstation, die Anästhesie, die Radiologie, die OP-Abteilungen, es waren ja viele OPs. Auch in einer anderen Klinik.

Danke an die Radioonkologie. Ihr seid unglaublich.

Danke an alle, die mir zugehört haben, die mich ernst genommen haben, die mit mir meine Sorgen geteilt haben.

Danke an meine Familie.

Danke Monika, Danke Christiane.

Ich hoffe ich habe niemanden vergessen.

.

Ein Ewing Sarkom ist ein sehr schnell wachsender Krebs, der meistens im Knochen zu finden ist, aber bis zu 2% der Menschen haben ihn im Muskel. Die Prognose ist nicht die beste. Aber es gibt die Möglichkeit diesen Krebs zu besiegen.

Pulmologe: Lungenfacharzt

Kardiologe: Herzspezialist

Radioonkologe: Arzt für Patienten die mit   Bestrahlung behandelt werden müssen

Onkologe: Arzt für Krebspatienten